Otto von Gierke

Untersuchungen zur Deutschen Staats und Rechtsgeschichte

Otto von Gierke

Untersuchungen zur Deutschen Staats und Rechtsgeschichte

ISBN/EAN: 9783741157974

Hergestellt in Europa, USA, Kanada, Australien, Japan

Cover: Foto ©Thomas Meinert / pixelio.de

Manufactured and distributed by brebook publishing software
(www.brebook.com)

Otto von Gierke

Untersuchungen zur Deutschen Staats und Rechtsgeschichte

Untersuchungen

zur

Deutschen Staats- und Rechtsgeschichte

herausgegeben

von

Dr. Otto Gierke,

Professor der Rechte an der Universität Berlin.

XXVIII.

Über wiederholte deutsche Königswahlen
im 13. Jahrhundert

von

Karl Rodenberg.

Breslau.
Verlag von Wilhelm Koebner.
1889.

Über

wiederholte deutsche Königswahlen

im 13. Jahrhundert

von

Karl Rodenberg.

Breslau.

Verlag von Wilhelm Koebner.

1889.

maximam suorum fidelium multitudinem Wormatiae coadunavit,
ubi consensu et unanimitate regni procerum totiusque populi filius
eius Otto rex eligitur. Indeque progrediens convenientia quoque
et electione omnium Lothariensium Aquis rex ordinatur. Wir
unterscheiden hier zwei Wahlhandlungen: in Worms wählt die
Reichsversammlung, in Aachen die Lothringer. Es sind also
verschiedene Personen, welche das erste und das zweite Mal als
Wähler auftreten, und es ist zu bemerken, dass unser Schriftsteller
beide Male von electio und eligere spricht, woraus man schliessen
muss, dass ihm beide Vorgänge, wenn nicht als gleichwerthig,
doch als gleichartig erschienen sind. — Nach dem Tode Ottos I.
erzählt uns denn Widukind III, 76 (SS. III, 466): Mane iam
facto, licet iam olim unctus esset iu regem et a beato apostolico
designatus in imperatorem, spei unicae totius ecclesiae, imperatoris
filio, ut in initio certatim manus dabant, fidem pollicentes et
operam suam contra omnes adversarios sacramentis militaribus
confirmantes. Igitur ab integro ab omni populo electus in
principem etc. Aehnlich Thietmar II, 28 (p 757): iterum conlaudatur a cunctis in dominum et regem; das Wort collaudare ist
Synonym zu eligere und bedeutet, im Gegensatz zur Vorwahl,
zur Berathung über die Person des zu Wählenden, speciell die
feierliche und öffentliche Kur. Diese neue Wiederholung der
Wahl 973 hat augenscheinlich einen anderen Charakter als die
durch die Lothringer im Jahre 961. Als es sich darum handelte,
dass der bereits gewählte, aber nicht regierende König und Kaiser
die Regierung antrat und das Reich in Besitz nahm, ist an ihm
wiederum eine Wahl vollzogen worden. Dieselbe ist als eine
neue allgemeine Wahl aufzufassen.

Höchst merkwürdig ist es bei der Erhebung Heinrichs II.
1002 zugegangen. Ohne dass ein allgemeiner Wahltag ausgeschrieben war, zog Heinrich mit seinen Anhängern nach Mainz
und wurde hier zum Könige gewählt. [1] Als seine Wähler werden
Baiern, Franken und Lothringer aus der Moselgegend genannt.
Unmittelbar auf die Wahl folgte, ebenfalls zu Mainz, die Krönung
am 6. oder 7. Juni 1002. Seitdem führte Heinrich den königlichen
Namen und übte königliche Rechte aus. Trotzdem hat er sich
nachher noch an mehreren Orten einer Wahl unterworfen. Zunächst

---

[1] A Francis in regnum eligitur; Ann. Quedlinb. a. 1002. Ibidem
(Magontiae) — — in regem electus; Thietmar V, 7. Vgl. Waitz, Verf.-
Gesch. VI, 137.

wandte er sich nach Thüringen[1]) und hier wurde er von dem
Grafen Wilhelm von Weimar und den ersten des Landes zum
Könige gewählt. In Merseburg traf er sodann mit den versammelten sächsischen Grossen zusammen, und nachdem er ihnen
bestimmte Zusicherungen gemacht hatte, wurde er hier ebenfalls
zum Könige gewählt.[2]) Schliesslich ist er in Duisburg von dem
Erzbischof von Köln und andern lothringischen Bischöfen gewählt
worden.[3]) Heinrich ist also nicht durch eine gemeinsame Wahlhandlung zur Herrschaft gelangt, sondern nach einander haben
ihn die verschiedenen Theile des Reichs gewählt, und es ist
wieder zu beachten, dass die zeitgenössischen Schriftsteller nicht
etwa den einen oder den andern Akt als den entscheidenden
ansehen, durch welchen nun Heinrich wirklich König geworden
sei, sondern unbedenklich mehrere Akte als electio bezeichnen.
So nennen die Ann. Quedlinb. die Vorgänge zu Mainz und
zu Merseburg, Thietmar ebenfalls die zu Mainz und die zu
Duisburg electio, letzterer die in Thüringen collaudatio. Die
Erhebung Heinrichs II. ähnelt also der Ottos II. 961, bei welcher
ebenfalls die Wähler nicht gleichzeitig, sondern nach einander
in Thätigkeit getreten sind.

Vielleicht auch bei der Erhebung Konrads II. ist ähnliches
vorgekommen. Nachdem derselbe auf der allgemeinen Wahlversammlung zu Kamba 1024 zum Könige gewählt und zu Mainz
gekrönt war, machte er seinen Umritt durch das Reich. In
Minden kam er mit den sächsischen Grossen zusammen, und nun
hören wir in den Ann. Hildesheim. a. 1025 (Sep.-Ausg. p. 34):
Ibi etiam plurimos, qui predicte eius electioni non intererant,
obvios habuit omnesque sibi devotos in gratiam recepit. Nach
dem Satze: qui predicte eius electioni non intererant, sollte man
erwarten, dass diese nun ihr Wahlrecht ausgeübt hätten, und
die Wahl Heinrichs II. 1002 musste bei den Sachsen noch in
lebendiger Erinnerung sein und konnte leicht als Präcedenzfall
angesehen werden.[4]) Aber die Nachricht ist doch nicht bestimmt
genug, um sichere Schlüsse zuzulassen.

---

[1]) Ibi (in Thuringia) tunc rex a prefato comite et a primis illius regionis
conlaudatur in dominum; Thietmar V, 0.

[2]) (Merseburg) Bernhardus dux et Saxonum primates — — dominum sibi
illum ac regem elegerunt; Ann. Quedlinb. a. 1002. Bernhardus igitur dux
— — ex parte omnium regni curam illi fideliter commiliit; Thietmar V, 9.

[3]) Igitur hii confratres, epi scilicet, regem pariter ellegentes; nachher
a primatibus Lidulharicorum in regem collaudatur; Thietmar V, 12.

[4]) Vgl. Breslau, Konr. II., I, 41—42.

II.

Im Hinblick auf diese Erscheinungen der früheren Zeit werden wir bei den Wahlwiederholungen des 13. Jahrhunderts da, wo nicht der Regierungsantritt den Anlass zu einer solchen gab, zunächst stets zu fragen haben: wer wählte das erste Mal, wer das zweite Mal? Die Wähler Philipps waren im Jahre 1198 die Erzbischöfe von Magdeburg und Salzburg, die Bischöfe von Merseburg, Worms, Bamberg und Eichstädt, der Abt von Fulda, die Herzoge von Sachsen und Baiern und der Graf von Orlamünde. Die Wahl fand in Thüringen statt, und zwar die Vorwahl zu Ichtershausen bei Arnstadt am 0. März, die Hauptwahl zu Mühlhausen am 8. März.[1]) Seitdem nannte sich Philipp König.[2]) Gekrönt wurde er am 8. September 1198 zu Mainz durch den Erzbischof von Tarantaise in Gegenwart des inzwischen zu ihm übergetretenen Erzbischofs von Trier.[3])

Von der zweiten Wahl Philipps im Jahre 1205 wissen nur Kölner Quellen. Die ausführlichsten Nachrichten haben wir in der im Pantaleonskloster zu Köln geschriebenen Fortsetzung der Chronica regia Coloniensis. Diese Fortsetzung ist uns in zwei Fassungen überliefert, einer kürzeren, von Waitz in seiner Ausgabe nach den codices als recensio B., einer weiteren, als rec. C. bezeichnet. Waitz bestimmt das Verhältniss beider so, dass C. die ursprüngliche Form, B. dagegen ein Auszug aus C. sei. Augenscheinlich ist aber das Verhältniss umgekehrt, wofür der Nachweis hinten im Anhang geführt werden wird: zu Grunde liegt rec. B., welche in C. überarbeitet und durch vielfach gute, selbständige Nachrichten vermehrt, an einzelnen Stellen auch richtig geändert ist. Ich lasse beide Recensionen hier folgen, ed. Waitz p. 219:

---

[1]) Winkelmann, Philipp u. Otto IV., 1, 68 u. 511.

[2]) Böhmer-Ficker, Reg. Imp. V, 16 a.

[3]) Ebendas. 19 a.

Rec. B.:

Coloniensis vero epus — —
post festum S. Martini ad eundem
Phylippum cum duce Brabantie
Confluentiam venit et ei iuramentum
fidelitatis cum duce
ibidem fecit. Ibi etiam rex
Phylippus celebrem curiam
omnibus qui aderant principibus
in epyphania Domini Aquisgrani
indicit, et Coloniensis eum ibidem
in regem consecrari et ungi
promittit. Quod et factum est. Rex
igitur, ut proposuerat, cum
pluribus regni principibus Aquisgrani
venit, ubi rursus ab omnibus
in regem eligitur et in aecclesia
b. Marie a Coloniensi aepo cum
Maria uxore sua ungitur et consecratur.

Rec. C.:

Coloniensis vero epus — —
post festum S. Martini ad eundem
Philippum cum duce Lovaniae
et aliis nobilibus viris Confluentiam
venit et ei iuramentum
fidelitatis cum duce ibidem fecit.
Ibi etiam Philippus rex consilio
eius et principum qui aderant
celebrem curiam omnibus principibus
regni in epyphania Domini
Aquisgrani indicit et Coloniensis
eum ibi in regem consecrari
et ungi promittit. —
Philippus igitur rex, ut proposuerat,
cum universis pene principibus
regni Aquisgrani venit,
ubi cum maximo apparatu et
obsequio Coloniensis ei occurrit.
Ibi rex, consilio cum suis habito,
ut principes suam liberam electionem
secundum antiquitatis
institutum non perdant, regium
nomen et coronam deponit et ut
concorditer ab omnibus eligatur
precatur. Quod et factum est
ibidem in ecclesia b. Mariae; ab
omnibus eligitur et a Coloniensi
aepo cum Maria uxore sua ungitur
et consecratur.

Nach rec. B., welche also in erster Linie zu Rathe zu ziehen
ist, stellt sich der Hergang so dar. Nach dem 11. November 1204
kommen der Erzbischof von Köln und der Herzog von Brabant.
zu Philipp nach Koblenz und leisten ihm den Treueid. Dort
sagt Philipp den Fürsten, welche zugegen waren, einen Reichstag
zu Epiphanias, 6. Januar 1205, nach Aachen an. Der König
erscheint daselbst mit einer Anzahl (pluribus) Fürsten und wird
von allen wiederum zum König gewählt und vom Erzbischof
gekrönt. Demgegenüber berichtet rec. C. ausdrücklich von einer
vollkommenen Neuwahl: Philipp habe seiner königlichen Würde

entsagt und sei dann von beinahe allen Fürsten des Reichs zum
Könige gewählt worden.

Als Neuwahl lässt sich auch der Bericht von rec. B. auffassen, wenn darin auch der ganze Vorgang weniger bedeutsam
und der Aachener Tag fast als eine Provinzialversammlung der
niederrheinischen Grossen unter dem Vorsitze Philipps erscheint.
Von anderen Kölner Quellen spricht der Dialogus clerici et laici[1])
nur davon, dass Adolf von Köln Philipp wiederum zum Könige
gewählt habe. Dagegen sagt Caesarius von Heisterbach in seinem
Catalog der Kölner Erzbischöfe geradezu, dass, trotzdem Philipp
von beinahe allen Fürsten gewählt und zu Mainz gekrönt sei,
alles das hätte cassirt werden müssen, damit Adolf von Köln
allein ihn wählte.[2]) Allein Caesarius ist von Tendenz nicht frei,
er schreibt zum Ruhme der Kölner Kirche, und da er überdies
die Chron. regia benutzt hat,[3]) werden wir seiner Angabe eine
selbständige Bedeutung wenigstens nicht unbedingt beimessen
können. Stark dagegen fällt für eine Neuwahl ins Gewicht, dass
Philipp zu Aachen von Neuem gekrönt ist. Und schliesslich
ersieht man aus den Zeugenreihen der gleichzeitigen Urkunden
Philipps,[4]) dass allerdings eine stattliche Reihe von Fürsten und
Herren in Aachen anwesend war: der Erzbischof von Köln, die
Bischöfe von Constanz und Speier, die Erwählten von Würzburg
und Strassburg, mehrere Pröpste, die Herzoge von Brabant, Baiern,
Sachsen und Lothringen, der Pfalzgraf bei Rhein und eine
Anzahl Vertreter des niederrheinischen Adels und der staufischen
Ministerialität.

Indessen stehen der Annahme einer Neuwahl[5]) doch recht
erhebliche Bedenken gegenüber. Die Wiederholung der Krönung
lässt sich auch daraus erklären, dass Philipp das erste Mal nicht
am richtigen Orte, zu Aachen, sondern zu Mainz gekrönt war,
und auch nicht von der Person, welche nach weit verbreiteter
Anschauung von Alters her das Recht dazu hatte, dem Erzbischof

[1]) Ed. Waitz, Chron. reg. Colon. p. 317: Iterum Philippum docem
Suevie in Romanorum regem elegit.
[2]) Cum Philippus dux ab omnibus pene principibus regni fuisset electus
et in ecclesia Moguntinensi in regem unctus atque coronatus, ut cum solus
eligerat aepus Adolfos, oportebat, ut omnia cassarentur; SS. XXIV, 346.
[3]) S. die Ausgabe von Cardauns SS. XXIV.
[4]) Böhmer-Ficker 90, 91 vom 12. Jan. 1205.
[5]) Für eine solche entscheidet sich Winkelmann, Phil. I, 362.

von Köln. Eine neue Krönung wird daher eine der ersten Forderungen Adolfs für seinen Übertritt gewesen sein Auch Friedrich II. ist zweimal, 1212 und 1215, gekrönt worden, ebenfalls zuerst zu Mainz und dann zu Aachen, dazu beide Male von dem Erzbischof von Mainz, und ohne dass eine Wahl dazwischen lag. Ausserdem begreift man nicht, was Philipp, nachdem er soeben im Osten wie im Westen erfolgreich gewesen war, bewogen haben könnte, sein bisheriges Königthum zu verleugnen. Ja, wenn sich ihm die Möglichkeit geboten hätte, nun in einer Neuwahl eine allgemeine Wahl auf seine Person zu Stande zu bringen, dann mochte der Preis nicht zu hoch sein. Aber Otto war keineswegs bezwungen, und als Gesammtheit der deutschen Fürsten konnte die Aachener Versammlung, so glänzend sie war, kaum angesehen werden. Die stärkste Stütze der staufischen Partei, der deutsche Episcopat, war nur schwach vertreten.[1] Das Resultat wäre also für Philipp gewesen, dass er eine Anzahl von Stimmen gewonnen hätte, welche er bisher nicht besass, dagegen die Stimmen von einer Anzahl mächtiger, bisher ihm treu ergebener Fürsten nicht mehr gehabt hätte. Für diese und die zahlreichen anderen Fürsten, welche ohne an der ersten Wahl 1198 betheiligt zu sein, sich Philipp später angeschlossen und 1199 und 1202[2] so energisch die Rechtmässigkeit seines Königthums gegen Innocenz III. vertreten hatten, musste eine Resignation, welche durch die Rücksicht auf die niederrheinischen Fürsten herbeigeführt wurde, in hohem Grade beleidigend sein; und es war sehr fraglich, ob der Tausch vortheilhaft für Philipp war, ganz abgesehen davon, dass gerade eine Neuwahl Zweifel an der Rechtmässigkeit der früheren Wahl Philipps erregen musste. Endlich wird auch das Gewicht von einem argumentum ex silentio nicht zu unterschätzen sein: die grosse Menge der gut unterrichteten, zeitgenössischen Schriftsteller, sowohl der Philipp freundlichen wie der ihm feindlichen, weiss nichts von einer Wahl zu Aachen. Die Krönung wird vielfach erwähnt, aber auch nur diese.[3]

----

[1] Man vergl. z. B. die lange Reihe von Namen in der Erklärung von Speier am 28. Mai 1199; B.-F. 27; ich folge in der Datirung Ficker.

[2] B.-F. 64.

[3] Ich nenne z. B. Chron. Ursperg., Chron. Montis Sereni, Ann. Marbac., Ann. Lubic., Ann. Mellic., Contin. Admunt.; ebenso auch der in dem benachbarten Lüttich mit den Ereignissen gleichzeitig schreibende Rein. Leod.

Selbst eine zweite Fortsetzung der Chronica regia Col., welche sich ausführlich über den Uebertritt des Erzbischofs Adolf verbreitet, schweigt von der Wahl. [1])

Aber gewählt worden ist in Aachen; an der Thatsache wird man bei der Bestimmtheit der Nachrichten festhalten müssen. Fragt man, was den Anlass zu einer Wahl geben konnte, so antwortet rec. C.: damit die Fürsten ihr Wahlrecht nicht verlören. Das traf aber nur für diejenigen zu, welche bisher Philipp ihre Stimme nicht gegeben hatten, in erster Linie den Erzbischof von Köln und den Herzog von Brabant, dazu kam der anwesende Pfalzgraf bei Rhein, welcher Anfang 1204 zu Philipp übergegangen war. [*]) Wurde nun allein um dieser Fürsten willen die neue Wahl vorgenommen, so dürfen wir mit Rücksicht auf ähnliche Vorgänge der früheren Zeit vermuthen, dass sie auch die einzigen Wähler waren, und das um so eher, als wir sehen, dass auch im 13. Jahrhundert eine Königswahl nicht nothwendig durch einen gemeinsamen Akt erfolgen musste. Die Contin. Admunt. (SS. IX, 591) berichtet nämlich über die Erhebung Otto IV. 1208: Abhinc igitur diversis quidem temporibus sed eodem animo et infra spacium anni principes omnes Ottoni adherentes eum unanimiter in regem Romanorum elegerunt et confirmarunt. Man mag über die materielle Richtigkeit der Angabe in Bezug auf Otto IV. vorläufig denken wie man will: so viel dürfen wir jedenfalls der Stelle entnehmen, dass es für rechtlich zulässig galt, dass einzelne Fürsten gesondert und zu anderer Zeit als die übrigen ihre Stimme abgaben. Das Richtige könnte auch den 8. 8 citirten Worten des Caesarius von Heisterbach bei aller ihrer sonstigen Verkehrtheit zu Grunde liegen: ut eum (Philippum) solus eligeret aepus; denn die Erinnerung daran, dass 1205 nur der

---

[1]) Die supercreatio Philippi (ed. Weitz, p. 174) ist nach dem Vorangehenden doch wohl als die zweite Krönung zu verstehen, welche Adolf von Köln an Philipp vollzog, trotzdem der von ihm gekrönte Otto noch lebte.

[*]) B.-F. 82a. Unter den übrigen anwesenden Fürsten, welche an Philipps Wahl in Thüringen 1198 nicht betheiligt gewesen waren, hatten sich der Bischof von Constanz und der Herzog von Lothringen (wenn es Simon II. war, welcher 1205 in ein Kloster ging, und nicht sein Bruder und Nachfolger Friedrich I) bereits am 28. Mai 1199 als Wähler Philipps bezeichnet; a. S. 12. Der Bischof von Speier findet sich seit seiner Erhebung 1200 oft in der Umgebung Philipps, während die Erwählten von Würzburg und Strassburg hier zuerst bei ihm erscheinen; ob sie mitgewählt haben, ist zweifelhaft; denn schon ihre Vorgänger hatten Philipp anerkannt. Wegen der Rechtsfrage vergl. S. 16 ·17.

Erzbischof von Köln und einige andere wählten, konnte sich in
der Kölner Diöcese wohl erhalten und zu dieser Formulirung
des Satzes geführt haben. Sehr deutlich weisen endlich die Ann.
Mellic. a. 1205 (SS. IX, 506), welche zwar nicht direkt von einer
Wahl sprechen, doch gerade auf die Betheiligung der bisherigen
Gegner Philipps an dem Aachener Tage hin: Pbylippus rex secundo
apud Aquasgranas ab epis et ducibus et marchionibus et aliis
principibus, qui sibi priue restiterant, intronizatur et sollempni
unctione consecratur.

Zu einer solchen nachträglichen Theilwahl stimmt nun aufs
beste der Bericht der rec. B., welcher die Aachener Versammlung
als eine allein für die niederrheinischen Fürsten berufene hinstellt.
Wir können damit aber auch alle Nachrichten der rec. C. in Einklang
bringen, man muss ihnen nur eine etwas andere Richtung geben.
Darnach wurde also, damit nicht die Fürsten ihr Wahlrecht durch
Nichtausübung verlören, die Wahl veranstaltet. Die frühere
Wahl Philipps von 1198 wurde dadurch überhaupt nicht berührt,
und Philipp brauchte deshalb ebensowenig seine königliche Würde
niederzulegen, wie es einst Heinrich II. gethan hatte, als er nach
Thüringen und Sachsen kam. Wohl aber wird man mit unserer
Quelle anzunehmen haben, dass man nicht den 'König' Philipp
zum König ausrief, sondern 'Philipp' oder 'Philipp Herzog von
Schwaben'. Auch dass alle Anwesenden sich an der Wahl be-
theiligten, durfte der Wahrheit gemäss behauptet werden; denn
nachdem diejenigen, welche eine Stimme abzugeben hatten, wobei wir
vornehmlich an die erwähnten drei, den Erzbischof von Köln,
den Herzog von Brabant und den Pfalzgrafen, zu denken haben,
in feierlicher Weise einzeln erklärt hatten, dass sie Philipp zum
Könige wählten, fiel nach alter Sitte das versammelte Volk jubelnd
ein, und beim Zuruf, welcher auch ein Theil der Wahl war, [1])
wird sich keiner der früheren Wähler Philipps ausgeschlossen
haben.

Eins jedoch bei dieser Wahl ist auffallend: sie erfolgte,
nachdem bereits die Wähler dem König Philipp den Treueid
geleistet hatten. Von dem Erzbischof von Köln und dem Herzog

---

[1]) So ist doch wohl der Unterschied zwischen Wahl und Zustimmung
zu deuten, welchen 1198 die Wähler Ottos IV. in der Anzeige über dessen
Wahl an den Papst machen: Ottonem .... elegimus et sicut debuimus
ipsius electioni consensimus; darunter die Unterschriften: Ego Adolfus
Colon. aepus elegi et subscripsi etc. Ego Henricus comes de Kuke con-
sensi et subscripsi; B.-F. 203.

von Brabant wird es in beiden Recensionen der Chron. regia
überliefert; dass der Herzog ausserdem den Lehnseid vorher
geschworen, wird durch eine Urkunde vom 12. November 1204
bezeugt,[1] und dass das Gleiche beim Übertritt des Pfalzgrafen
Anfang 1204 gefordert und gewährt worden ist, lag in der Natur
der Sache. Die Aachener Wahl sinkt damit fast zu einer Förm-
lichkeit herab. Allerdings nicht ganz. Wie die thatsächliche
Ausübung des Wahlrechts für die Wähler ihren Werth hatte, so
hatte Philipp bei der Unzuverlässigkeit der deutschen Fürsten
ein Interesse daran, dass dieselben nicht nur durch Eide an ihn
gebunden waren, sondern auch durch eine förmliche Wahlhandlung;
denn während die Eide leicht als erzwungen angesehen werden
konnten, musste die Wahl in höherem Masse als aus einem freien
Entschlusse hervorgegangen erscheinen.

Da somit die Anerkennung Philipps seitens einzelner Fürsten,
welche an der Thüringer Wahl von 1198 nicht mitgewirkt hatten,
1205 in der Form einer selbständigen Wahl erfolgt ist, darf man
fragen, ob dasselbe nicht öfter geschehen ist. Am 28. Mai 1199
erliess eine grosse Anzahl geistlicher und weltlicher Fürsten zu
Speier eine Erklärung zu Gunsten Philipps an den Papst.[2] Die
Fürsten bezeichnen sich darin als Wähler Philipps: Philippum
in imperatorem Romani solii rite et solemniter elegimus. Dass
sie alle bei seiner Erhebung zu Ichtershausen und Mühlhausen
im März 1198 anwesend waren, ist ausgeschlossen. Von dem
Erzbischof von Trier z. B. wissen wir, dass er auf die Seite
Philipps erst kurz vor dessen Krönung am 8. September 1198
trat,[3] der Herzog von Österreich war im Frühjahr 1198 mit
einer Reihe anderer Fürsten auf einem Kreuzzuge in Palästina,[4]
und von den zahlreichen andern in jener Urkunde genannten
Bischöfen, Herzogen und Markgrafen wäre doch wohl der eine
oder der andere ausser den uns bekannten Fürsten in einer der
vielen Quellen bei Gelegenheit der Wahl erwähnt worden, wenn
er dabei gewesen wäre.

Nun möchte ich nicht behaupten, dass die nachträgliche
Anerkennung einzelner Fürsten sich stets in die Form einer Wahl

[1] B.-F. 87.
[2] B.-F. 27.
[3] S. S. 6.
[4] Winkelmann, Phil. 1, 60.

kleiden musste oder auch nur zu kleiden pflegte. Unzweifelhaft genügten Eide, und wer sie geleistet hatte, mochte immerhin, wenn ihm im Uebrigen ein Wahlrecht zukam, sich als Wähler des Königs bezeichnen. Aber man wird die Möglichkeit einer öfteren Anerkennung durch Wahl schon deswegen nicht ohne Weiteres abweisen, weil es gerade die Art der Erhebung Philipps war, welche angefochten wurde. Wir hören nun, dass auch zu Mainz vor der Krönung am 8. September 1198 eine Wahl Philipps stattgefunden hat.[1]) Möchte man bei den Schriftstellern, welche die Nachricht bringen, zunächst geneigt sein an eine Verwechselung mit der Thüringer Wahl zu denken, so ist dies doch da ausge-schlossen, wo vorher von einer Wahl bereits gesprochen ist und die Mainzer daraoch als die zweite erscheint. So in den Ann. Marbac., von denen allerdings die erste Wahl irrthümlich nach Frankfurt verlegt wird, besonders aber in den Gesta episc. Halberstad. (SS. XXIII, 113): Hac igitur electione (in villa Arnestede) celebrata, (Philippus) Moguntiam est adductus populoque ostensus, sicut moris est facere de electis, et pari voto omnium et consensu, acclamatione quoque unanimi et applausu in regem est collau-datus.

Ob man in dieser Mainzer Wahl eine „Erneuerung"[2]) der früheren Wahl sehen darf, ist mehr als zweifelhaft. Es fehlt an jeglicher Analogie dafür, dass man einen König von Neuem wählte etwa zur Bekräftigung oder Bestätigung seiner Würde. Eine Erneuerung der Wahl müsste als Voraussetzung die Un-gültigkeit der früheren Wahl gehabt haben, und vor einem der-artigen Zugeständnisse, durch welches anerkannt wurde, dass der Thüringer Wahl gewisse Mängel anklebten, werden sich die Führer der staufischen Partei gehütet haben. Dass aber Philipp resignirt hätte, etwa um durch eine grössere Anzahl von Fürsten sofort wiedergewählt zu werden, dem widerspricht, abgesehen von dem Fehlen jeder Nachricht und der inneren Unwahrscheinlichkeit, der Umstand, dass derselbe seine Regierungsjahre vom März 1198, also von der ersten Wahl an zählte.[3]) Es wird uns daher, da die Thatsache einer Wahl zu Mainz feststeht, nichts übrig bleiben als anzunehmen, dass hier in derselben Weise, wie das 1205 ge-schehen ist, eine Anzahl Fürsten, welche Philipp bisher nicht

[1]) Winkelmann, Phil. I, 135.
[2]) So Winkelmann a. a. O.
[3]) B.-F. 16a.

gewählt hatten, ihm ihre Stimme gegeben haben. Die Wähler werden einestheils Fürsten gewesen sein, welche inzwischen vom Kreuzzuge heimgekehrt waren, dann solche, welche aus irgend-welchen andern Gründen die Thüringer Versammlungen nicht hatten besuchen können oder wollen, wie der in Mainz zum König erhobene Herzog Ottokar von Böhmen, endlich auch wohl solche, welche, wie der Erzbischof von Trier, bisher Otto angehangen hatten.

Vielleicht auf diesen Mainzer Tag muss man auch eine Stelle in dem Rechtfertigungsschreiben beziehen, welches Philipp 1206 an Innocenz III. schickte. Er erzählt dort, dass er nach seiner Wahl mit einem Heere zur Krönung nach Aachen habe ziehen wollen, aber durch trügerische Vorspiegelungen seiner Gegner getäuscht davon abgestanden sei [1]): astutia et dolis adversariorum nostrorum circumventi exercitum nostrum remisimus, accepto tamen prius ab eis sacramento, quod etiam ipsi in nos vota sua deberent transfundere; darauf hätte man Otto gewählt. „Vota trans-fundere‘ heisst doch wohl „die Stimme geben‘, und da Philipp von der Zeit nach seiner Wahl spricht, scheint damals schon ein zweiter Wahltag für diejenigen. welche ihn noch nicht ge-wählt hatten, in Aussicht genommen zu sein.

Unser Resultat in Bezug auf Philipp ist also dieses. Zu Mühlhausen am 8. März 1198 ist er von einer Anzahl Fürsten gewählt. Auf Grund dieser Wahl nannte er sich König. Andere Fürsten sind Anfangs September 1198 vor seiner Krönung zu Mainz, die niederrheinischen und der Pfalzgraf bei Rhein Anfangs Januar 1205 zu Aachen seiner Wahl in der Form beigetreten, dass sie ihn ihrerseits zum Könige wählten. Man möchte diese Wahlen Anerkennungswahlen nennen, um der merkwürdigen Sache einen Namen zu geben, welcher die beiden Seiten derselben zum Ausdruck bringt; denn wenn einerseits diese Wahlen wirkliche Wahlen waren, durch welche theoretisch wenigstens der Wähler, was seine Person anlangte, sich seinen König erst schuf, so kamen sie thatsächlich doch auf die Anerkennung einer schon begründeten königlichen Gewalt hinaus.

---

[1]) LL. II, 212, lin. 1.

III.

Otto IV. ist am 9. Juni 1198 zu Köln erwählt und am 12. Juli zu Aachen von dem Erzbischof von Köln gekrönt worden. Als seine Wähler bezeichnen sich in einem Schreiben, in welchem sie Innocenz III. um die Bestätigung Ottos bitten:[1] der Erzbischof von Köln, die Bischöfe von Paderborn und Minden, die Äbte von Corvey, Jnden und Werden und der Herzog von Brabant.[2] Augenscheinlich hat jedoch Otto noch die Stimmen von andern gehabt, wie von den Grafen von Flandern und Dagsburg.[3] Auch der Landgraf von Thüringen hat, als er im Laufe des Jahres 1198 aus Palästina zurückkehrte, Otto in der Gestalt anerkannt, dass er ihn wählte. Es erzählen nämlich die Ann. Reinhardsbr. ed. Wegele 83: lantgravius — — se dedens Ottonis hominio, dignitatem principatuum suorum ab eo solempniter accepit, detestandoque Philippum cum suis electoribus Ottonem cum magnificis preconiis regem publice declaravit. Hier wird also von der Eidesleistung noch unterschieden die vom Landgrafen abgegebene Erklärung, dass Otto (sein) König sei, und das war doch die Form, in welcher die Könige gewählt

---

[1] B.-F. 208.

[2] Dieser war allerdings zur Zeit der Wahl in Palästina. Es scheint seine Gemahlin Mathilde als Regentin des Herzogthums für ihn gestimmt zu haben, welche auch in einer wahrscheinlich zu Aachen bald nach der Krönung ausgestellten Urkunde Ottos Zeuge ist; B.-F. 200. Freilich unter welchen Formen die Herzogin die Stimme abgegeben hat, wissen wir nicht, vermuthlich durch einen Bevollmächtigten. Über Vertretung der Wähler: des Böhmenkönigs 1252 bei der Wahl Wilh. von Holland s. Cap. IV; bei der Wahl Richards 1257 s. Raynald. Ann. eccl. a. 1263, § 54; bei der Wahl Heinr. VII. 1308 LL. II, 491.

[3] B.-F. 205, 206.

wurden.[1] — In dem folgenden Kampf um das Reich ist Otto seinem Gegner unterlegen und erst die Ermordung Philipps 1208 eröffnete ihm die Aussicht wirklicher Herrscher zu werden. Er ist dann 1208 auf zwei Versammlungen, zu Halberstadt am 22. September[*] und zu Frankfurt am 11. November, von Neuem zum König gewählt worden. Es gilt nun das Verhältniss dieser beiden Wahlen zu der von 1198 zu bestimmen, wobei die beiden Möglichkeiten, ob Neuwahl oder Anerkennungswahl,[3] zu erwägen sind und zunächst von dem Umstande, dass 1208 zwei Wahlen vorgenommen sind, abgesehen werden soll.

Von den Wählern Ottos aus dem Jahre 1198 waren der Erzbischof von Köln, der Herzog von Brabant und der Landgraf von Thüringen[1] zu Philipp übergegangen, die beiden Bischöfe waren gestorben und Philipp war so vollständig Sieger geblieben, dass seit Ende 1206, von geringen Theilen Sachsens abgesehen, seine Herrschaft überall in Deutschland anerkannt war. Gern oder ungern hatten sich ihm die Fürsten, welche Otto einst an-gehangen hatten, gefügt, und wir erfahren nicht, dass unter denen, welchen ein Wahlrecht zukam, einer bei Otto ausgehalten hätte. Es war demnach, soviel sich erkennen lässt, die Gesammtheit der deutschen Fürsten, welche Otto 1208 wählen musste. — Allerdings könnte es fraglich sein, ob die Wähler Ottos vom Jahre 1198, welche inzwischen sich Philipp zugewandt hatten, im Jahre 1208 das Recht hatten Otto nochmals zu wählen, und ob nicht die Mindener und Paderborner Stimmen, trotzdem die Nachfolger der Inhaber, welche sie 1198 führten, Philipp anerkannt hatten, als

---

[1] Wahrscheinlich hat sich dem Otto auch sein Bruder, der Pfalzgraf Heinrich, in derselben Form der Wahl angeschlossen: Henricus vero dux Saxonie, comes etiam palatinus de Reno, frater predicti Othonis, post reditum suum de Terra Sulie (Sancta) ratum et gratum habens, quod de fratre suo factum fuerat, electionem suam confirmavit; Rogeri de Hov. Chron. SS. XXVII, 178. Freilich ist Roger Engländer und deswegen das confirmare vielleicht nicht so scharf zu interpretiren. Doch auch nach Arn. Lubic. VI, 1 hat Heinrich Otto gewählt, allerdings kann das nicht, wie dort behauptet wird, im Frühjahr 1198 geschehen sein. Indessen Innocenz scheint ebenfalls den Pfalzgrafen zu den Wählern Ottos zu zählen; Phillips, deutsche Königswahl, Sitzungsb. d. Wiener Ak. 1858, S. 94; Quidde, Kurfürstencoll. 72.

[*] Ich schliesse mich in der Ansetzung des Tages Ficker an; B.-F. 240c.

[3] Sehr bestimmt hat sich in Übereinstimmung mit Abel, Winkelmann Phil. und Otto, II. 124 und 440 für eine Neuwahl ausgesprochen.

[4] Ebenso der Pfalzgraf.

bereits 1198 für Otto abgegeben angesehen werden mussten, also
1206 nicht weiter berechtigt waren. Eine bestimmte Antwort
lässt sich darauf natürlich nicht geben. Doch wie die Wahl-
stimme noch als ein Recht erscheint, welches mehr an der Person
des Wählers als an seinem Territorium haftet,[1]) so darf man
auch annehmen, dass für denjenigen, welcher erst Otto gewählt,
dann sich aber zu einer Anerkennung seines Gegners verstanden
hatte, später eine neue, wiederholte Abgabe der Stimme für Otto
wenigstens möglich war. Eine Bestätigung findet das darin,
dass der Landgraf von Thüringen, welcher nach Obigem Otto
1198 durch eine Wahl anerkannt und nachher sich Philipp angeschlossen hatte, nichts destoweniger Otto 1208 zu Halberstadt
noch einmal wählte.[2]) Etwas anderes war es indessen, ob nicht
Otto die Stimmen von Köln, Brabant und der anderen Wähler
von 1198 für die Berechtigung seines Königthums geltend machen
konnte, trotzdem ihre Inhaber später von ihm abgefallen waren.
Die Antwort liegt im Folgenden.

Waren die Wähler Ottos 1208 die Gesammtheit der deutschen
Fürsten, so lässt sich die Frage, ob damals eine Neuwahl stattgefunden hat, d. h. ob Ottos Recht auf die königliche Gewalt
erst durch die Wahl von 1208 geschaffen ist, oder ob dieselbe
nur einem bereits vorhandenen aber unvollständigen Recht erst
die ganze Kraft, gleichsam die Vollendung gab, durch die Unter-
frage nach den Wählern von 1198 und 1208 nicht zur Erledigung
bringen. Hören wir darum zunächst das Urtheil der Schriftsteller.
Die Mehrzahl unter ihnen scheidet nicht zwischen den beiden
Wahltagen von 1208; am häufigsten wird die Frankfurter Versammlung erwähnt, welche als die wichtigere erscheint. Meistens
lesen wir nur, dass Otto gewählt sei, öfter mit dem Zusatze von
allen Fürsten.[3]) Andere sprechen von einer wiederholten Wahl,[4])

---

[1]) Z. B. der Graf Albrecht von Dagsburg hatte 1198 bei der Wahl
Ottos doch nicht deswegen eine Stimme gehabt, weil er die Grafschaft
Dagsburg besass, sondern weil er eine hervorragende Persönlichkeit war.
[2]) S. S. 21. — Anders ist freilich unter Wilhelm von Holland die
Mainzer Stimme behandelt. Siegfried III. hatte Wilhelm 1247 gewählt,
sein zweiter Nachfolger Gerhard hat aber, trotzdem er bei der zweiten Wahl
Wilhelms zu Braunschweig 1252 anwesend war, nicht mitgestimmt. Allein
zwischen 1247 und 1252 hatte auch kein Mainzer Erzbischof Konrad IV.
anerkannt; s. Cap. IV.
[3]) S. Winkelmann II, 481 und öfter.
[4]) Gervasii Tilleb. Otia imp. SS. XXVII, 881; Roberti canon. S. Mariani
Anliss. Chron. SS. XXVI, 272: rursus in imperium accersitur.

doch auch damit lässt sich für unsern Zweck nicht viel anfangen. Mehrere Schriftsteller nennen aber auch die Erhebung Otto's 1208 eine Bestätigung, confirmatio.[1]) Noch bestimmter drücken sich andere aus: Arnold von Lübeck giebt Lib. VII, 13 dem Capitel, in welchem er die Halberstädter Wahl erzählt, die Überschrift: De plenaria electione Ottonis regis; die Ann. Stadenses u. 1208 sagen, Otto sei durch den Access erst der Sachsen, dann der Fürsten und durch die Verlobung mit Philipps Tochter im Reich bestätigt worden;[2]) ganz deutlich die Magdeburger Schöppenchronik S. 133: „Und bischop Albrecht verbodede de ausseschen beren bi Halberstad und dat se koning Otten beholden und keisen; dat schach." Nun ist richtig, dass dies sächsische Quellen sind, aber diese hatten naturgemäss das meiste Interesse für Otto und sie geben im Übrigen die ausführlichsten Nachrichten über ihn. Allein auch der gut staufische Ursperger Chronist (SS. XXIII, 372), welcher die Erhebung Ottos im Jahre 1198 als electio bezeichnet, sagt zu 1208 nur: regnum accepit und consensum principum accepit, was man als Neuwahl gewiss nicht deuten kann. Schliesslich möchte ich grosses Gewicht den Worten des Konrad von Pfävers beilegen. Dieser hatte nahe Beziehungen zu dem Abt von St. Gallen Konrad von Bussnang, welcher ein vertrauter Rathgeber Friedrichs II. war, wonach man wird annehmen dürfen, dass sich in seinem Werke die Anschauungen des spätern staufischen Hofes und Friedrichs II. selbst wiederspiegeln, welcher nicht geneigt sein konnte, Otto mehr Recht zuzuerkennen, als er wirklich besessen hatte. Konrad schreibt (SS. II, 170): Rex animosus iudice Deo electus, quicquid in electione prius habuit infirmum, coadunatis in electione principibus omni tergiversatione postposita universaliter ab omnibus elevatur in regem; confirmatus in regno etc. Der Satz: quicquid in electione prius habuit infirmum, giebt dem Verhältniss einen sehr prägnanten Ausdruck und enthält den bestimmtesten Hinweis auf ein bereits vorhandenes, indessen unvollständiges

---

[1]) Chron. Sampetr. pag. 51; Godefr. Viterb. cont. Eberbac. SS. XXII, 340; Ann. Floreff. SS. XVI, 626; Ann. Normann. SS. XXVI, 513; s. auch unten Ann. Stad., Conr. de Fabaria, Caesar. Heisterb. Cat. aep. Col.; auch Cont. Admunt. oben auf S. 10.

[2]) Rex Otto, accedentibus sibi primum Saxonibus, deinde principibus, desponsata etiam sibi regis Philippi filia — —, subito est in imperio confirmatus; SS. XVI, 354.

Recht Ottos auf den Thron. Anderseits aber, von einer Neuwahl, so dass die frühere Wahl von 1198 für ungiltig erklärt wäre, spricht ausdrücklich kein Schriftsteller. Caesarius von Heisterbach behauptet sogar in seinem Catalog der Kölner Erzbischöfe direkt das Gegentheil: Ottos frühere Wahl sei 1208 nicht cassirt, sondern approbirt worden.[1]) Würde man der Stelle, wenn sie die einzig überlieferte Nachricht enthielte, nach Obigem kaum viel Glauben schenken, im Verein mit den übrigen Zeugnissen bestätigt sie, dass weite Kreise in der Wahl von 1208 nur eine Bekräftigung und Ergänzung, nicht eine Creirung von Ottos Recht auf die königliche Gewalt sahen.

Dieselbe Anschauung finden wir aber auch bei deutschen Fürsten, selbst bei solchen, die Otto vorher niemals anerkannt hatten. Wir haben ein Schriftstück, welches nach der Ermordung Philipps und vor der Wahl Ottos 1208 abgefasst ist und in den Eingangsworten sich als einen Vertrag[2]) Ottos mit dem Erzbischof von Magdeburg giebt. In Wirklichkeit haben wir es jedoch nicht mit einer ausgefertigten Urkunde über einen abgeschlossenen Vertrag zu thun, sondern mit einem Angebot Ottos an den Erzbischof, damit dieser ihn als König anerkenne.[3]) Er verspricht nämlich demselben eine Reihe Zugeständnisse zu machen und erhebt am Schluss als einzige Gegenforderung die Leistung des Treueides: Hec universa debebimus iuxta consilium aepi stabilire et ipse nobis prestabit fidei sacramentum et serviet nobis tamquam domino suo regi. Darüber, ob eine Einigung erzielt worden, giebt uns unser Schriftstück keine Auskunft, wohl aber ein ebenfalls vor der Wahl erlassenes Schreiben Ottos an den Papst Innocenz III., in welchem es heisst: aepus Magdeburgensis

[1]) S. oben S. 8, Not. 3; es folgt: Et cum e converso comitem Ottonem solus pene ex principibus Adolphus elegisset, non est sua electio in Franckenfortt a principibus, qui illuc convenerant, cassata sed approbata.

[2]) Compositio; B.-F. 239.

[3]) Die Futura, in denen Otto spricht (conferemus, renuntiabimus, dabimus), hat auch Winkelmann II, 103, Not. 1 bemerkt; aber Otto macht die Ausführung seiner Versprechungen nicht davon abhängig, ,dass der Erzb. ihm nun noch wirklich zum Throne verhelfe', sondern wie der Schluss zeigt, dass er ihn als König anerkenne. Dass der Vertrag noch nicht perfekt war, geht evident aus folgendem Satz hervor: Item promittemus, quod aepum semper pro aliis principibus in nostris consiliis familiarem habebimus. Das Stück dürfte daher bei B.-F. vor 238g, vor die Zusammenkunft Ottos mit dem Erzb. zu Somerschenburg, zu setzen sein.

et Halvestadensis et Mindensis epi ad nostrum auxilium et
servitium accesserunt. ⁴) Was den Halberstädter Bischof anlangt,
so stimmt dazu die ausführlichere Erzählung in den Gesta ep.
Halberst. (SS. XXIII, 122), und wenn darin auch nur von dem
obsequium des Bischofs die Rede ist, so lassen diese Angaben in
Verbindung mit einander gebracht nur den Schluss zu, dass die
drei Bischöfe Otto den verlangten Treueid geleistet haben. Den
Treueid schwur aber ein Bischof nur dem Könige; er war das
Zeichen, dass der Bischof den König als solchen anerkannte und
zwischen beiden das gesetzliche und normale Verhältniss hergestellt sei. Es erinnert dieser Vorgang an den Übertritt der
niederrheinischen Fürsten zu Philipp Ende 1204: auch sie haben
zunächst dem Könige die erforderlichen Eide geleistet und dann
ihn erst im Januar 1205 zum Könige gewählt.

Schliesslich ist zu beachten, worauf Ficker⁵) mit Recht hin-
gewiesen hat, dass Otto nach seiner zweiten Erhebung 1208 nicht
von Neuem gekrönt ist. Hätten die Fürsten durch ihre Wahl
1208 besagen wollen, dass das Königthum Ottos von 1198 bis
1208 ungesetzlich gewesen sei und erst mit der Wahl 1208 zu
Recht bestehe, so wäre auch die Krönung von 1198 hinfällig
geworden und hätte wiederholt werden müssen; denn vor der
Wahl konnte kein König gekrönt werden.

Der rechtliche Zustand, in welchem sich Otto nach der
Vorstellung seiner Zeitgenossen vor seiner neuen Wahl 1208
befand, ist allerdings kein ganz klarer und gestattet eine ganz
bestimmte Formulirung nicht. Otto wurde von allen deutschen
Fürsten 1208 gewählt und hatte dennoch bereits vor der Wahl
ein gewisses Recht auf den Thron. Man konnte nicht leugnen,
dass er 1198 von Personen, welche ein unzweifelhaftes Wahlrecht
besassen, zum Könige gewählt war, dass er in der richtigen Form
die Krone erhalten und dass er über einen bedeutenden Theil
des Reiches eine wirkliche Herrschaft zeitweilig ausgeübt hatte.
Aber sein Recht war von vielen bestritten und schliesslich auf
einen ganz kleinen Umkreis beschränkt worden. Es war jedoch
nicht verloren, weil Otto nicht resignirt hatte; es war aber auch
nicht ganz, nicht vollständig, sondern bedurfte, wenn es volle
Geltung haben sollte, der Anerkennung der bisher feindlichen
Elemente. Diese konnte durch die einfache Unterwerfung derselben bereits erlangt werden, wie das beim Erzbischof von

¹) B.-F. 240.
²) B.-F. 240 d.

Magdeburg und den Bischöfen von Halberstadt und Minden geschehen ist. Man gab jedoch der feierlichen Form der Wahl den Vorzug, welche bei Philipp 1205 und sonst in ähnlichen Verhältnissen zur Anwendung gekommen war. — Die Wahl Otto's, welche seinem Königthum das volle und ganze Recht verlieh, ist, wie schon erwähnt, 1208 auf zwei Versammlungen erfolgt, zu Halberstadt am 22. September, zu Frankfurt am 11. November. Es fragt sich nun, welche Stelle wir der Wahl zu Halberstadt anzuweisen haben, ob etwa dort, wie angenommen ist, die Fürsten nur zu Vorberathungen, einer Vorwahl oder Designation Otto's zusammengetreten sind und derselbe erst in Frankfurt endgültig gewählt wurde[1]), oder ob es an beiden Orten zu definitiven Wahlen gekommen ist, so etwa, dass die einen Wähler Otto zu Halberstadt, die andern zu Frankfurt ihre Stimme gegeben haben.

Theilnehmer an dem Halberstädter Tage waren ausschliesslich Sachsen und Thüringer; aus dem übrigen Reich war nur der Erwählte von Würzburg erschienen; auch Otto war anwesend.[2]) Einberufen ist die Versammlung von dem Erzbischof von Magdeburg[3]), welcher als der Führer des sächsischen Stammes erscheint. Über die Vorgänge daselbst erzählt am ausführlichsten Arnold von Lübeck VII, 13: Omnes igitur principes, qui convenerant, acsi divinitus inspirati, pari voto et unanimi consensu Ottonem in Romanum principem et semper augustum elegerunt in nomine Patris et Filii et Spiritus Sancti, aepo, qui primam vocem habere videbatur, inchoante, prosequente vero Bernardo duce cum marchione Misnense et lantgravio Thuringie cum[4]) aliis, ad quos

---

[1]) So Winkelmann II, 111, welcher zugleich in der Frankfurter Wahl eine Neuwahl sieht; a. a. O. 124 und 480.

[2]) Ficker ist geneigt anzunehmen, dass Otto den ganzen Sommer und bis zum Frankfurter Tage in Braunschweig gewesen sei; B.-F. 239a. Dem widerspricht aber Arnold von Lübeck VII, 13, welcher erzählt, dass als der Erwählte von Würzburg Otto zu Halberstadt wählen sollte, er sich weigerte, bis gewisse Beschwerden seiner Kirche berücksichtigt seien, und aus der Versammlung fortging. Altera tamen die revocatus electioni principum acquievit, quorum una' cum rege ordinatione ecclesia sua recepit (securitatem); so ergänzt Winkelmann II, 112, Note 2, dem Sinne nach wohl mit Recht. Man wird daraus mit Winkelmann auf Anwesenheit Otto's schliessen.

[3]) Magdeb. Schöppenchr. 133; s. S. 18.

[4]) Daraus dass ‚cum' und nicht ‚et' gesetzt ist, muss man doch wohl auf eine Abstimmung nach Stämmen schliessen, indem so dem Herzog von Sachsen mit dem Markgrafen von Meissen der Landgraf von Thüringen mit den anderen gegenübergestellt wird. Der Erwählte von Würzburg scheint, weil er weder Sachse noch Thüringer war, später als die Genannten gestimmt zu haben.

electio regis pertinere videbatur.[1]) Meines Erachtens kann man in diesem Bericht nichts anderes sehen als die Darstellung einer definitiven Wahl.[2]) Alles deutet auf eine feierliche Handlung hin, und die prima vox, welche hier der Magdeburger Erzbischof hat und welche auf den allgemeinen Wahlversammlungen dem Mainzer zukam, wird diesem gerade für die Kur, die endgültige, öffentliche Wahlhandlung, beigelegt.[3]) Übrigens hatte der Magdeburger Erzbischof auch bei der Erhebung Philipps, und zwar bei der definitiven Wahl zu Mühlhausen 1198, die erste Stimme gehabt[4]), allerdings in Abwesenheit des Mainzer Erzbischofs. — Die definitive Wahl findet Unterstützung in dem Chron. Sampetr. p. 60: — — de electione in regem Ottonem omnes convenerunt in unum. Inde marscalcus — — adiens regem Ottonem regni insignia, civitates, urbes et castella sibi utpote potentie regali subegit. Nach dem ersten Satz allein könnte auch nur von einer Designation die Rede sein; aber doch weil Otto zum König gewählt, nicht weil seine Wahl beschlossen war, überliefert ihm Heinrich von Kalden die Insignien und die Städte des Reichs.[5]) Ferner stellen die Ann. Stad. a. 1208[6]) und ähnlich die Magdeburger Schöppenchronik[7]) die Wahl zu Halberstadt mit der zu Frankfurt in Parallele und erklären damit beide für definitive. Man könnte wieder einwenden, dass alles dies sächsische und thüringische Schriftsteller berichten, welche der Wahl ihrer Landsleute eine übertriebene Bedeutung beilegten. Aber auch die Cont. Admunt. a. 1208 spricht an der S. 10 citirten Stelle von mehreren Wahlen Ottos, freilich ohne genauere Bezeichnung.

---

[1]) Es folgt dann die oben erwähnte Erzählung von dem Erwählten von Würzburg. Dieser hat also wohl Tags darauf in der bekannten Form einer selbstständigen Wahl sich Otto angeschlossen.

[2]) So auch Waitz, Forsch. XIII, 205 und B.-F. 240 a.

[3]) Bernhardi, Lothar III, 43, Note 94.

[4]) Winkelmann I, 69.

[5]) Über das Thatsächliche vergl. jedoch Winkelmann II, 125, Note 1.

[6]) S. S. 18, Note 2.

[7]) S. S. 18; es folgt: To handes darna in sunte Jacobus dage koren se on to Halberstad und vorden on to Frankenfort. To hant darna quemen des rikes vorsten und drogen mit den Sassen over ein an deme rike. Die merkwürdige Gegenüberstellung der Sachsen und der Reichsfürsten hier und in den Ann. Stad. geht wohl auf eine gemeinsame Quelle zurück. Auch Winkelmann II, 481, Note 1 scheint der Ansicht zu sein. Nahe verwandt mit der Schöppenchronik ist der Bericht der Gesta ep. Magdeb. SS. XIV, 419.

Da wir also alle Nachrichten, welche wir über den Halberstädter Tag haben oder auf denselben beziehen müssen [1]), in bester Übereinstimmung finden und überdies bei Arnold jenen detaillirten und vollständig klaren Bericht über denselben besitzen, werden wir nicht anstehen, in der Halberstädter Wahl bereits eine endgültige Wahl und zwar der Sachsen und Thüringer zu sehen.

Das einseitige Vorgehen der Sachsen und Thüringer erklärt sich einestheils aus den allgemeinen Verhältnissen. Otto musste wünschen, zunächst wieder durch eine starke Partei einen festen Untergrund zu haben, und der Erzbischof von Magdeburg hatte, nachdem er sich ihm angeschlossen, das gleiche Interesse. Dazu kam der starke sächsische Particularismus. [2]) Bei den Süd- und Westdeutschen hingegen herrschte noch eine leicht begreifliche Unentschlossenheit; es mochte ihnen schwer fallen, Otto, welchen sie Jahre lang bekämpft hatten, als König über sich zu sehen. Ausserdem war der Erzbischof von Mainz, welcher ordnungsgemäss die allgemeinen Wahlversammlungen zu leiten hatte, ebenso der Erzbischof Bruno von Köln auf einer Romreise abwesend. Aber anderntheils ist es bei den Sachsen und Thüringern wohl nicht ohne Einfluss gewesen, dass es sich nicht um eine Neuwahl Ottos handelte, sondern im Grunde nur um seine Anerkennung, und wenn sich dieselbe auch in der Gestalt einer Wahl vollzog, so mochte hierfür wohl nicht in gleichem Masse eine allgemeine Versammlung der deutschen Fürsten für erforderlich erachtet werden. [3])

Die zweite Wahlversammlung zu Frankfurt am 11. November wurde nach dem Chron. Sampetr. p. 51 von dem Erzbischof von Mainz berufen, nach der Braunschweiger Reimchronik 6388 von dem Erzbischof von Mainz und dem Pfalzgrafen bei Rhein, nach Caesarius von Heisterbach in seinem Catalog der Kölner Erzbischöfe (SS. XXIV, 346) von dem Erzbischof Bruno von Köln. Augenscheinlich ist die Berufung von einer Fürstenversammlung ausgegangen, an welcher die genannten drei und

---

[1]) S. auch die Gesta ep. Halberst. SS. XXIII, 122 und N.-F. 240 c.

[2]) Dass ausserdem noch andere Motive für einzelne Fürsten mitsprachen, z. B. bei Meissen, ist allerdings gewiss.

[3]) Auch für die Wahl Philipps durch die niederrheinischen Fürsten 1205 war keine allgemeine Reichsversammlung angesagt; Chron. reg. Col. reo. B.; s. oben S. 7.

andere theilgenommen haben ¹); denn es dürfte vor der Eröffnung
des Frankfurter Tages bereits festgestanden haben, dass man
Otto dort wählen wollte. Wahrscheinlich tagte diese vorberathende
Versammlung am mittlern oder niedern Rhein; auf dieselbe scheint
die Chron. regia Colon. Cont. II, p. 183 anzuspielen, wo von dem
Versuch Heinrichs von Brabant die deutsche Krone zu erwerben,
berichtet wird und es dann heisst: Sed Brunone sepo, Sifrido
Mogonciensi sepo, qui eo tempore utputa divina disponente
providentia de Roma pariter advenerant, et Heinrico palatino
aliisque quam pluribus unanimiter sibi resistentibus
a regno cessavit. Jedenfalls ist es nicht, wie die Ann. Reinhardsbr.
behaupten, Otto gewesen, welcher die Fürsten nach Frankfurt
entbot. Der Charakter der Wahlversammlung ist somit dem Frankfurter Reichstage schon durch die Art der Berufung so gut wie
sicher.

Die Versammlung war sehr stark besucht; Otto war selbst
zugegen. Als anwesend nennt Arnold von Lübeck VII, 14 die
Fürsten von Franken, Baiern und Schwaben. Aber auch Sachsen
hatten sich eingefunden; sicher nachweisen lassen sich der Erzbischof von Magdeburg, der Bischof von Hildesheim, der Abt
von Hersfeld und der Markgraf von Meissen. ²) Allgemein dagegen sprechen die Schöppenchronik und mit ihr übereinstimmend
die Gesta archiep. Magd. ³) davon, dass Otto nach der Halberstädter Wahl von den sächsischen Fürsten nach Frankfurt geführt sei. Von allen anwesenden Fürsten ist Otto, wie wir hören,
einstimmig zum König gewählt worden. ⁴) Dass in Frankfurt
überhaupt gewählt worden ist, wird durch zahlreiche Quellen-
stellen bezeugt; es wird dadurch unterstützt, dass, wie oben
nachgewiesen wurde, die Versammlung nicht vom Könige, sondern
von den Fürsten berufen ist, und die Stellen, an denen um-
schreibende Ausdrücke wie confirmare und ähnliche gebraucht
sind, können als Einwand nicht gelten; denn für die confirmatio
eines Königs hatte man keine andere Form als eben die der
Wahl. Das Wesen der Frankfurter Wahl ergiebt sich aus den
früheren Erörterungen: wie in Halberstadt Sachsen und Thüringer,
so haben in Frankfurt die übrigen Fürsten Otto als König aner-

---

¹) Vergl. auch Ann. Reinhardsbr. 118. Auch zur Wahl nach dem Tode
Heinrichs V. 1125 hatte eine Fürstenversammlung eingeladen; LL. II, 79.
²) Winkelmann II, 122.
³) S. S. 22, Not. 7.
⁴) S. S. 17 und Winkelmann II, 481.

kannt und ihm sein volles Recht auf die königliche Gewalt ver-
liehen, und zwar geschah das an beiden Orten in der Form einer
selbständigen Wahl.

Fraglich kann nur sein, wie sich in Frankfurt die anwesenden
Sachsen verhalten haben, welche Otto bereits in Halberstadt gewählt hatten. Wenn diese Anerkennungswahlen wirkliche Wahlen
waren und daher mit den Neuwahlen die gleichen Formen hatten,
so kann man sich schwer vorstellen, dass zu Frankfurt etwa der
Erzbischof von Magdeburg oder der Markgraf von Meissen nochmals
vor der Reichsversammlung aufgetreten wäre, um Otto feierlich
zum Könige zu küren. [1] Diese Wahlen wurden doch veranstaltet,
damit einzelne Fürsten ihre Stimme abgaben; sie bestanden, wie
die Wahlen überhaupt, aus einer Reihe einzelner Erklärungen,
wie wir das deutlich in dem Bericht Arnolds von Lübeck über
den Halberstädter Tag erkennen, nicht aus einem gemeinsamen
Akte. Erst wenn die einzelnen Erklärungen der wahlberechtigten
Fürsten abgegeben waren, folgte die gemeinsame Zustimmung des
versammelten Volkes, und dass daran alle Anwesenden, auch die,
welche bereits einzeln gewählt hatten, theilnahmen, darf man für
selbstverständlich halten. Da aber dieser gemeinsame Zuruf einen
Theil der Wahl ausmachte, konnte man immerhin sagen, dass
der König von allen gewählt sei.

---

[1] In diesem Punkte kann ich Ficker, B.-F. 240d, nicht zustimmen,
vergl. auch Waitz, Forsch. XIII, 205.

IV.

Wilhelm von Holland wurde 1247 als Gegenkönig gegen Friedrich II. und Konrad IV. aufgestellt und am 3. October desselben Jahres zu Woringen am Niederrhein gewählt. Seine Wähler waren nach einem Schreiben Innocenz IV. vom 19. November 1247 [1]): die Erzbischöfe von Mainz, Köln, Trier und Bremen, die Bischöfe von Würzburg, Strassburg und Münster, der Erwählte von Speier, der Herzog von Brabant und die Grafen von Geldern und Looz. Doch scheinen noch andere Fürsten bei der Wahl betheiligt gewesen zu sein [2]); fest steht indessen, dass der Herzog von Brabant der einzige anwesende Laienfürst war. [3]

Am 25. März 1252 wurde zu Braunschweig eine neue Wahl an Wilhelm vollzogen. Ich lasse den Bericht darüber, welchen wir in den Ann. Erphord. (SS. XVI, 38) haben, ganz folgen, weil sein Wortlaut bedeutsam ist: Qui (electus Maguntinus) postea vocatus a legato Magdeburg pervenit, ac dein Brunswic cum rege veniens in die Palmarum ab Eboracense (lies Ebredunensi) aepo in pontificalem sublatus est dignitatem. Ubi etiam sequenti die rex Wilhelmus a marchione Brandenburgensi ac duce Saxonie ceterisque huius terre magnatibus in Romanum sollempniter electus est principem. Eodemque tempore cives Goslarienses fecerunt similiter. — — Quapropter cooperante sibi Dei gratia per Romane sedis legatum omnium fere principum sibi conciliavit favorem, excepto duce Bawarie, qui genero suo Conrado filio quondam imperatoris in sui honoris et ditionis periculum pertinaciter adherebat. Rex etiam Boemie pretiosa atque regalibus muneribus

---

[1]) Pottb. 12759.

[2]) B.-F. 4888 u. M. Germ. Ep. sel. II, 332, not. 6.

[3]) Sächs. Weltchr. 397 in M. Germ. Deutsche Chr. II, p. 257.

in signum electionis ipsum honoravit. Post heo iam saepe
dictus rex Wilhelmus in septimana post Albae Meseburc venit,
ubi Magdeburgensis scpus et marchio Misnensis manus ei dantes
sua ab ipso feuda receperunt.

Also der Markgraf von Brandenburg [1]) und der Herzog von
Sachsen haben Wilhelm mit den Grossen ihrer Gebiete zum König
gewählt. Dass hier eine wirkliche Wahl vorgenommen ist, nicht
etwa allein eine Huldigung oder Unterwerfung stattgefunden hat,
beweist überdies ein Brief des gleichzeitig in Braunschweig anwesenden Cardinallegaten Hugo, worin derselbe den Bischöfen
von Schwerin und Havelberg schreibt, dass der Herzog von
Sachsen und der Markgraf von Brandenburg die Wahl König
Wilhelms genehm gehalten, ihn zum König erwählt und ihm
den Treu- und Lehnseid geleistet haben. [2]) Der Legat unter-
scheidet hier also bestimmt zwischen der Huldigung und der
Wahl, und er spricht von einer Wahl, trotzdem nach seiner und
des Papstes Anschauung Wilhelm bereits seit dem Jahre 1247
rechtmässig erhobener König war. — Auch der Annalist ist sich
augenscheinlich des Unterschiedes zwischen Wahl und Huldigung
bewusst: der Herzog von Sachsen und der Markgraf wählen, der
König von Böhmen schickt Geschenke zum Zeichen der Wahl;

---

[1]) Es gab damals zwei Markgrafen, Johann und Otto III., doch nur einer
scheint in Braunschweig anwesend gewesen zu sein. Offenbar war es Johann,
der ältere Bruder, welcher am 20. April 1252 zu Wolmirstädt urkundet, Ldb.
U. B. I, 169, n. 183; am gleichen Tage war König Wilhelm daselbst; B.-F. 5078.
[2]) B.-F. 5098; Lüb. U. B. I, 168, n. 182: dux et marchio antedicti electionem de predicto rege factam ratam habuerunt et gratam ac eundem in
regem elegerunt unanimiter ad cautelam ac eidem fidelitatem et homagium
in solempni curia nobis presenti bus prestiterunt. Schwierigkeiten macht der
Ausdruck ,ad cautelam.' Man könnte übersetzen: ,zur Gewähr, dass die beiden
Fürsten die Wahl Wilhelms genehmigten, wählten sie ihn'; allein die
Wortstellung legt die Vermutung nahe, dass die Worte ,ad cautelam' vielmehr
ein terminus technicus sind. Als solcher werden sie in päpstlichen Schreiben
gebraucht, speciell in Verbindung mit relaxare sententiam (Mon. Germ.
Ep. sel. II, 606, im Glossar): der Papst befiehlt eine Sentenz, welche von
andern verhängt ist, zu suspendiren ad cautelam, d. h. angenscheinlich: unter
der Bürgschaft, dass der Excommunicirte sich einem neuen ordentlichen
Verfahren unterwirft; was dann allgemein bedeutet: ,ohne Präjudiz für die
Rechtsfrage'. Danach würde unsere Stelle besagen, dass die beiden Wähler
eine cautela empfangen, nicht gegeben haben, und wahrscheinlich wäre
ihnen dann gewährleistet, dass durch die nachträgliche Wahl ihre Rechte,
besonders wohl ihr Wahlrecht, nicht beeinträchtigt werden würden. Lob gebe
indessen diese Erklärung nur als Vermutung.

unmittelbar darauf erzählt er aber, wie zu Merseburg die Anerkennung Wilhelms seitens des Erzbischofs von Magdeburg und
des Markgrafen von Meissen durch Huldigung geschieht. Beide
Fürsten hatten ihr früheres Wahlrecht verloren. Offenbar kennt
auch der Annalist bereits die Theorie von den sieben Kurfürsten,
wie sie durch die grosse Verbreitung des Sachsenspiegels zur
Anerkennung gekommen war. Die drei rheinischen Erzbischöfe
hatten Wilhelm schon 1247 ihre Stimmen gegeben, also kamen
nur noch die vier Laienfürsten, welche ein Vorstimmrecht hatten,
in Betracht, und diese nennt der Annalist an der citirten Stelle
sämmtlich. Da nun drei derselben Wilhelm zu Braunschweig auch
ihrerseits gewählt hatten, sagt er, fast alle Fürsten (natürlich auf
deren Stimmen etwas ankam) seien für den König gewonnen
worden, ausgenommen der Herzog von Baiern, dass ist der Pfalzgraf bei Rhein. Auch dieser Umstand zeugt dafür, dass der
Annalist mit Bewusstsein von einer Wahl spricht.

Nicht ganz klar sind allein die Worte: Eodemque tempore
cives Goslarienses fecerunt similiter. Bei der Exaktheit des
Ausdrucks, welche wir bisher bei dem Annalisten fanden,
werden wir, denke ich, die Stelle wörtlich übersetzen können:
die Goslarer Bürger thaten etwas Ähnliches, aber nicht genau
dasselbe, d. h. sie erkannten Wilhelm als König an und leisteten
ihm die erforderlichen Eide, ebenso wie der Herzog und der
Markgraf, aber zu wählen hatten sie nicht. Vielleicht waren die
Abgesandten der Stadt Goslar bei der Wahl zugegen und fielen
mit den übrigen Anwesenden in den Beifallsruf ein.[1]

So sicher nun in Braunschweig eine Wahl vorgenommen ist,
ebenso sicher ist eine Neuwahl Wilhelms ausgeschlossen. Die
Ann. Erph. erwähnen selbst, dass der Erzbischof von Mainz zur
Zeit der Wahl in Braunschweig war, deuten aber mit keinem
Worte an, dass er mitgewählt hat, und das wird durch das oben
angeführte Schreiben des Cardinallegaten Hugo bestätigt, welcher
nur von der Wahl Wilhelms durch den Herzog und den Markgrafen weiss. Die Mainzer Stimme hatte Wilhelm bereits 1247
erhalten.[2] Diese Braunschweiger Wahl vom Jahre 1252 ist der
reinste Typus jener nachträglichen Wahlen, durch welche einzelne

---

[1] So ist augenscheinlich auch die Wahl der ‚ceteri huius terre mag-
nates‘ an der citirten Stelle zu verstehen.

[2] S. S. 17, Not. 2.

Fürsten einen schon vorher gewählten König anerkannten: nicht allein leisteten sie ihm das homagium zum Zeichen der Unterwerfung, sondern sie wählten ihn auch, und sie allein waren im Augenblick die Wähler, sonst niemand.

V.

Unter sich in ihrem Wesen sehr verschieden sind die mehrfachen Wahlen gewesen, denen Friedrich II. unterworfen ist, bis er endlich die Herrschaft erlangte. Gegen Ende 1196, also noch zu Lebzeiten seines Vaters, wurde Friedrich von den zu Frankfurt versammelten Fürsten, welche aller Wahrscheinlichkeit nach speciell zum Zweck der Wahl dorthin entboten waren, zum deutschen Könige erwählt und ausgerufen, und ihm der Treueid und von einigen auch der Lehnseid geleistet.[1] Nur das Haupt der bisherigen Opposition gegen Heinrich VI., der Erzbischof Adolf von Köln, widerstrebte eine Zeit lang seiner Erhebung, aber auch er gab ihm im folgenden Jahre zu Boppard vor dem Herzog Philipp von Schwaben seine Stimme und schwur ihm Treue. Adolfs Zutritt zur Wahl Friedrichs wird in der Chron. regia Colon. als Zustimmung (consensit), von Otto von St. Blasien (SS. XX, 328) als Wahl bezeichnet (in regem collaudavit). Wir haben hier eine jener Anerkennungswahlen, welche wir bereits kennen. Gekrönt worden ist Friedrich jetzt nicht. Er sollte zur Krönung nach Deutschland gebracht werden, als sein Vater starb. Gegen das Herkommen war bei der Wahl Friedrichs weder er selbst noch sein Vater zugegen, doch ist, als man später nach Gründen suchte, die Wahl für ungiltig zu erklären, dieser Umstand nicht angeführt worden.[2]

---

[1] Toeche, Heinr. VI., 444.

[2] Innocenz III. Reg. super neg. imp. Rom. 29 erwähnt zwar die Abwesenheit Heinrichs (patre absente), aber in einem Zusammenhang, dass daraus vielmehr ein Moment für die Gültigkeit der Wahl Friedrichs wird, indem auf diese Weise die Fürsten von Heinrich nicht beeinflusst seien. Vergl. auch LL. II, 211, lin. 1.

Zur Zeit von Heinrichs VI. Tode war eine bedeutende
Anzahl der deutschen Fürsten auf einem Kreuzzuge in Palästina.
Als sie die Trauernachricht erhielten, haben sie zu Akkon Friedrich
von Neuem gewählt und ihm den Treueid wiederholt. Beide
Akte werden in den Quellen erwähnt[1]), und wir haben keinen
Grund, sie für identisch zu halten, da wir gesehen haben, dass
die Schriftsteller zwischen ihnen zu unterscheiden wissen. Ob
auch bei dieser Wahl in der förmlichen Weise vorgegangen ist,
dass alle Fürsten, welche ein Wahlrecht besassen, ihre Stimmen
einzeln nochmals abgegeben haben, mag dahingestellt bleiben;
jedenfalls wird Friedrich, wohl unter der Leitung des anwesenden
Erzbischofs von Mainz, als König feierlich ausgerufen sein. Den
Anlass zu der neuen Wahl gab der Umstand, dass Friedrich
mit dem Tode seines Vaters die Regierung anzutreten hatte.
Indem er, obgleich schon vorher zum Könige gewählt, doch jetzt
erst von dem Reiche Besitz ergreifen konnte, kam er zu demselben in ein anderes thatsächliches und rechtliches Verhältnis,
und dies empfing durch die neue Wahl seine Begründung oder
mindestens seine feierliche Sanktion. Ebenso war einst 973 der
bereits gewählte und zum König und Kaiser gekrönte Otto II.
nach dem Tode seines Vaters von Neuem zum König ausgerufen
worden. Diese Wahlen, welche an bereits gewählten Königen
beim Beginn ihrer Regierung wiederholt wurden, haben mit den
Wahlwiederholungen, welche durch die nachträgliche Anerkennung
einzelner Fürsten entstanden, nichts gemein; sie sind im Gegensatz zu diesen als neue allgemeine Wahlen anzusehen.

Bekanntlich ist Friedrich trotzdem damals nicht zur Herrschaft gelangt. Mochte er selbst der Ansicht sein, dass sein Recht
auf den deutschen Thron durch die Erhebung Philipps und
Ottos IV. nicht hinfällig geworden sei, für die deutschen Fürsten
lag die Sache anders. Soweit sie den Staufern günstig waren,
hatten sie Philipp gewählt oder anerkannt, und nach 1208 herrschte
Otto widerspruchslos. Es gab niemanden in Deutschland, welcher
die Rechtmässigkeit seines Königthums bestritten hätte. Als
daher nach seiner Excommunication die deutschen Fürsten daran
gingen, Friedrich an seine Stelle zu setzen, konnte es sich für
sie nur um eine Neuwahl handeln.

<hr />

[1]) Die Wahl allein in den Ann. Stad. 1198; der Eid allein bei Arn.
Lubia. V, 27; Wahl und Eid in den Gesta ep. Halberst. nach dem Bericht
eines Augenzeugen; SS. XXIII, 112.

Friedrich ist auf zwei Versammlungen gewählt worden, zu
Nürnberg im September 1211, zu Frankfurt am 5. December 1212;
unmittelbar darauf ist er am 9. December zu Mainz gekrönt
worden. Über den Nürnberger Tag sind wir wenig gut unter-
richtet; fest steht indessen, dass Friedrich dort gewählt worden
ist.[1] Mit wunderbarer Übereinstimmung hören wir nun aber,
dass dort seine Wahl nicht zum deutschen König, sondern zum
Kaiser vorgenommen sei. So berichten ausdrücklich die Ursperger
Chronik (SS. XXIII, 373) und das Chron. Sampetr. p. 53[2]);
Friedrich selbst nennt sich, nachdem er sich entschlossen nach
Deutschland zu ziehen, und während er noch im Königreich
Sicilien war: rex Sicilie, ducatus Apulie et principatus Capue et
in Romanorum imperatorem electus[3], erst seit der Frankfurter
Wahl und der Krönung bezeichnet er sich als Romanorum rex[4]);
er sagt von dem Könige von Böhmen urkundlich, dass derselbe
ihn vor den anderen Fürsten zum Kaiser gewählt habe[5]); ähnlich
spricht der päpstliche Legat Siegfried von Mainz von der Wahl
Friedrichs zum Kaiser in einer Urkunde, welche gewöhnlich in
das Jahr 1214 gesetzt wird, augenscheinlich aber dem Jahre 1212
angehört[6]); endlich schreibt nach der Frankfurter Wahl der Hof-

---

[1] S. Winkelmann II, 500.

[2] Auch Reiner. Leod. spricht von dem erwählten Kaiser, verlegt aber
die Wahl zum Kaiser erst nach Frankfurt; SS. XVI, 665.

[3] Es wechseln in Rom. imperatorem electus und Rom. imperator electus.
So lange Friedrich in Italien war, steht der sicilische Königstitel voran,
nachher folgt er dem kaiserlichen Titel.

[4] So nennt sich Friedrich allerdings schon in zwei Urkunden vom
21. Nov. und 8. Dec. 1212; B.-F. 679, 680. Die Erklärung wird nicht im
Verfassungsrecht sondern in der Urkundenlehre zu suchen sein. Die Aus-
stellung der Urkunden wird nach der Krönung, die bekundete Handlung
vor dieselbe fallen, und das Datum dieser ist in der Urkunde beibehalten.

[5] B.-F. 671.

[6] B.-F. 728 mit V. oder VII. Kl. Apr. pont. a. 13, was allerdings,
die Jahre Siegfrieds von der Weihe am 30. Sept. 1201 an gerechnet, auf
1214 führen würde, aber nicht möglich ist. In der Fastenzeit 1214 war der
Bischof Otto von Münster, ein Anhänger Friedrichs II., von Kölnern ge-
fangen worden (B.-F. 735 a.), und darin hat man eine Bestätigung der Zeit-
angaben unserer Urkunde gefunden. In derselben erneuert nämlich Siegfried
Excommunication und Interdikt gegen die Bürger und Dienstmannen von
Münster, weil sie ihren Bischof verrätherisch verlassen haben. Aber dass
dabei die Gefangennahme desselben nicht erwähnt wird, ist schon auffallend,
auffallender noch, dass wo die Gründe für die Rechtmässigkeit Friedrichs
angeführt werden, die Urkunde wohl von der Wahl zum Kaiser und der

kanzler Konrad von Speier an den König von Frankreich: wir haben den erwählten römischen Kaiser zum deutschen Könige gewählt.[1]) Eine Wahl zum Kaiser durch deutsche Fürsten ist eine Abnormität und nie vorher vorgekommen. Die deutschen Könige hatten seit Jahrhunderten einen Anspruch auf die Kaiserwürde, aber Kaiser wurden sie erst, indem der Papst sie krönte. Man darf daher gespannt sein, wie sich die Curie zu dieser Kaiserwahl gestellt hat. Und das ist merkwürdig genug: wir stehen vor der Thatsache, dass Friedrich, welcher als Schützling des Papstes und als Gegenkönig gegen Otto IV. nach Deutschland ging, von der päpstlichen Kanzlei niemals als deutscher König bezeichnet worden ist, weder unter Innocenz III. noch unter seinem Nachfolger Honorius III. Er wird überhaupt in den päpstlichen Schreiben während der entscheidenden Jahre von 1211—1213 auffallend selten erwähnt und man hat an vielen Stellen das sehr deutliche Gefühl, dass man es absichtlich vermieden hat seinen Namen zu nennen.[2]) In Schreiben an Italiener habe ich ihn in den päpstlichen Regesten dreimal gefunden, 1212 am 8. Juni und 21. October und 1213 am 30. Januar[3]), allemal nur als rex Sicilie, ohne Hinweis auf den kaiserlichen Titel; als rex Sicilie, in Romanorum imperatorem electus hier zuerst am 10. September 1213 in einem Brief an den päpstlichen Legaten in Sicilien[4]); aber noch am 22. April 1214 heisst er in einer auf sicilische Verhältnisse bezüglichen Urkunde des Papstes nur rex Sicilie.[5])

_____

Bestätigung des Papstes, nichts jedoch von der Wahl und Krönung zum deutschen König weiss. Ferner wäre es unbegreiflich, wie Siegfried, wenn er noch 1214 Friedrich als König von Sicilien und erwählten römischen Kaiser bezeichnet hätte, von ihm am 16. Dec. 1215 als F. Romanorum et Sicilie rex hätte sprechen können; Böhmer-Will, Reg. Siegfr. n. 254. Allerdings erscheint in einer Urkunde Siegfrieds vom 10. Juni 1215 als Zenge: Fridericus electus rex Rom. et rex Sicilie, aber doch als electus rex, und das ungewöhnliche electus rührte wohl daher, dass bereits die zweite Krönung am 25. Juli 1215 in Aussicht genommen war; B.-F. 803, 810 b. In jedem Falle weist aber die Bezeichnung als erwählter Kaiser so bestimmt auf das Jahr 1212 hin, dass wir schon deswegen einen Fehler in der Datirung annehmen müssen. Der Ausstellungsort Boppard steht auch für das Jahr 1212 mit dem Itinerar Siegfrieds in Einklang.

[1]) B.-F. 682.
[2]) Z. B. Potth. 4446, 4520, 4810, 4805 u. öfter.
[3]) Potth. 4526, 4811, 4562.
[4]) Potth. 4810.
[5]) Potth. 4915.

In päpstlichen Briefen, welche nach Deutschland gerichtet sind, fand ich ihn 1212 gar nicht erwähnt, trotzdem sich wohl Gelegenheit dazu geboten hätte und man erwarten sollte, dass seine Candidatur von Innocenz wenigstens durch Schreiben kräftig unterstützt wäre. Im Jahre 1213 erscheint er selbst nicht auf der Liste der zum Lateranconcil eingeladenen Fürsten, welche uns in den päpstlichen Regesten aufbewahrt ist.[1] Ferner ist 1213 da, wo sein Name unbedingt hingehört hätte, in zwei Schreiben vom 25. Mai und 6. Juni[2] die auffallende Umschreibung pars ecclesie oder catholica gesetzt: der Herzog von Brabant und der Bischof Otto von Würzburg sollen der Partei der Kirche anhangen. Erst am 7. September 1213[3]), also genau zu derselben Zeit wie in dem für Italiener bestimmten Schreiben, taucht der Titel rex Sicilie, in Romanorum imperatorem electus auf. Dieser ist dann beibehalten bis zur Kaiserkrönung 1220, von wo an Romanorum imperator an seine Stelle tritt. Aus dieser Zusammenstellung ergiebt sich das jedenfalls mit voller Gewissheit, dass die Curie Friedrich absichtlich den Titel eines deutschen Königs, Romanorum rex, versagt hat.

Der Grund hierfür ist nicht schwer zu entdecken. Was Innocenz die Candidatur Friedrichs für den deutschen Thron bedenklich machen musste, war der Umstand, dass er König von Sicilien war; denn es drohte die Gefahr, dass in ihm das deutsche Reich und Sicilien vereinigt und dadurch von Neuem jene für das Papstthum verderbliche politische Constellation geschaffen würde, welche unter Heinrich VI. bestanden hatte, indem das kirchliche Gebiet von Norden und Süden durch dieselbe Macht umschlossen wurde. Indessen Innocenz hatte, was die Person Friedrichs anlangte, keine Wahl; er hatte keinen Candidaten, welcher sich gegen Otto mit einiger Aussicht auf Erfolg hätte behaupten können. Aber die Vereinigung Siciliens mit dem Reich musste in jedem Fall verhindert werden.

Wie das nach dem Plane des Papstes geschehen sollte, erfahren wir aus einer Urkunde Friedrichs vom 1. Juli 1216.[4] Er

[1] Potth. 4706.
[2] Potth. 4736, 4746.
[3] Potth. 4806.
[4] B.-F. 866.

verspricht darin Innocenz, sobald er die Kaiserkrone erlangt habe,
werde er seinen Sohn Heinrich, welcher bereits ,ad mandatum
vestrum' zum Könige von Sicilien gekrönt sei (es war 1212 vor
dem Aufbruch Friedrichs nach Deutschland geschehen[1]), aus der
väterlichen Gewalt entlassen und ihm Sicilien gänzlich übergeben,
so dass er sich selbst nicht mehr König von Sicilien nennen
werde. Man darf vermuthen, dass die zu Grunde liegenden Ab-
machungen älteren Datums sind, bereits das Resultat der Ver-
handlungen, welche Friedrich, ehe er die Throncandidatur für
Deutschland übernahm, mit dem Papste gepflogen hatte. So gewinnt man allein eine genügende Erklärung für die auf Befehl
des Papstes erfolgte Krönung Heinrichs im Jahre 1212. Allerdings
hatte Friedrich den begreiflichen Wunsch, wie auch sein ge-
wagter Zug nach Deutschland auslaufen mochte, Sicilien wenigstens
seiner Familie zu erhalten. Aber dieses war kein Wahlreich,
sondern hatte erbliche Succession. Es wird daher wohl die Haupt-
veranlassung zu der Krönung das Verlangen des Papstes gewesen
sein, indem damit der erste Schritt zur Selbständigmachung
Heinrichs und zur Trennung Siciliens von dem zu erwerbenden
Kaiserreiche gethan wurde.

Damit haben wir den Schlüssel zu Innocenz Verhalten. Mit
dem Titel, den er Friedrich zugestand, erkannte er die aus demselben fliessenden Rechte an. Er musste also zu vermeiden
suchen, dass er je in die Lage käme, ihn zugleich deutschen
und sicilischen König nennen zu müssen. Hat er ihm vielleicht
schon 1212 angetragen auf Sicilien zu Gunsten des Kaiserreiches
zu entsagen, so musste Friedrich das ablehnen, weil, wenn seine
Expedition nach Deutschland, was damals sehr wohl möglich
war, missglückte, er dann gar nichts mehr gehabt hätte und
nichts mehr als ein Prätendent gewesen wäre. Den Titel
eines erwählten römischen Königs, in Romanorum regem electus,
es war das derjenige, welcher dem gewählten deutschen Könige
vor seiner Königskrönung zukam und welchen Friedrich nach
seiner Ansicht auf Grund seiner früheren Wahl von 1196 bean-
spruchen konnte[2]), vermochte ihm Innocenz nicht zuzugestehen;
denn die Krönung des deutschen Königs lag ausserhalb der
Rechtssphäre des Papstes. Aus dem electus wurde durch die

---

[1] B.-F. 654 a.

[2] Ich sehe hier zunächst von der Frage ab, auf welchen Titel ihm
etwa die Nürnberger Wahl von 1211 ein Recht gab; s. S. 39.

Krönung ohne Zuthun des Papstes ein rex, und Innocenz konnte demjenigen, den er früher in regem electus genannt hatte, später den Titel eines rex nicht versagen, ohne sich einer argen Inconsequenz schuldig zu machen. Anders verhielt es sich mit dem kaiserlichen Namen; dieser konnte nicht ohne Mitwirkung des Papstes angenommen werden. Indem Friedrich electus für die Kaiserwürde war, hatte er einen ähnlichen Charakter wie die geistlichen electi, d. h. einen Anspruch auf die Weihe, aber ohne die Weihe nicht die volle Gewalt. Innocenz hatte es in der Hand, wann er ihm die Kaiserkrone aufsetzen wollte, und er konnte dafür den Verzicht auf Sicilien als Bedingung stellen.

Diese Erklärung ist weniger künstlich, als sie scheint. Es ist ja bekannt, welche Sorgfalt in den päpstlichen Schreiben auf genaue Titulaturen verwendet wurde [1]; ferner entsprach diejenige, welche Friedrich annahm, durchaus, wie wir sahen, den Interessen der Curie, und die Curie hat Friedrich noch als in imperatorem electus bezeichnet, nachdem er selbst sich längst Romanorum rex nannte. Jeder Zweifel inbetreff der Herkunft des Titels muss aber schwinden, wenn man sieht, dass Innocenz einst auch Otto IV., als er ihn am 1. März 1201 als König anerkannte, nicht nur als rex sondern auch als in Romanorum imperatorem electus begrüsste. Es war aber sicher Innocenz, welcher Otto diesen Titel beilegte [2]; denn er findet sich nur in päpstlichen Schreiben, in diesen jedoch regelmässig [3]; Otto selbst nennt sich stets einfach Romanorum rex. Nahm daher Friedrich II., als er 1212 von Sicilien nach Deutschland aufbrach, ebenfalls den Titel eines in imperatorem electus an, so kann das nur auf eine Vereinbarung mit dem Papste zurückgehen.

---

[1] Z. B. ,causae rationabiles' hinderten Gregor IX. bis zum 12. Aug. 1231 Friedrich II. den Titel eines Königs von Jerusalem zu geben, den dieser sich selbst seit dem Dec. 1225 beigelegt hatte; Potth. 8785. Als später Urban IV. in Verlegenheit war, ob er Richard oder Alfons in seinen Briefen als deutschen König bezeichnen sollte, hat er die Entscheidung dadurch umgangen, dass er sie beide ,in Rom. regem electus' nannte, und hat dies ausführlich begründet; Potth. 18619. Man beachte auch, wie consequent Friedrich II. nach seiner zweiten Excommunication bei Gregor IX. ,dictus imperator', bei Innocenz IV. bis zur Absetzung ,princeps', nach derselben ,quondam imperator' heisst. Vergl. auch Neues Archiv X, 542.

[2] Das zeigt auch der Wortlaut der päpstlichen Schreiben; Potth. 1999 u. folg.

[3] S. z. B. Potth. 2444, 2448, 3475, 3536, 3542 u. öfter.

Dass Innocenz ihm trotzdem diesen Titel Anfangs in Urkunden nicht gewähren wolke, wird wahrscheinlich darin seinen Grund gehabt haben, dass dieser Titel und die darin zum Ausdruck kommenden Verhältnisse das letzte Zugeständniss waren, zu welchem sich Innocenz dem Drängen Friedrichs gegenüber herbeiliess. Friedrich wird gewünscht haben neben dem Kaiserreiche Sicilien dauernd zu behalten, während Innocenz der sofortige Verzicht desselben auf Sicilien das liebste gewesen wäre; da aber dieser nicht zu erlangen war, hat er, auch nur die Möglichkeit einer Vereinigung des Reichs mit Sicilien im Titel Friedrichs anzudeuten, noch eine Zeit lang Bedenken getragen, weil er befürchtete, es könne ein derartiges Schreiben gegen ihn verwendet werden. Vermuthlich haben dann die grossen und rückhaltlosen Concessionen, welche Friedrich am 12. Juli 1213 in seinem Privileg von Eger[1]) dem Papstthum machte und welche unter der Zustimmung und Bekräftigung der deutschen Fürsten die päpstlichen Territorien vom tyrrhenischen bis zum adriatischen Meere ausdehnten, vielleicht auch begleitende beruhigende Erklärungen inbetreff seiner weiteren Absichten Innocenz Besorgnisse zerstreut[2]), so dass er ihn seit dem September 1213 als in imperatorem electus, aber doch stets ohne Romanorum rex hinzuzufügen, bezeichnete.

Diese Erklärung bietet auch den Vortheil, dass dadurch die räthselhafte Erscheinung einer Wahl zum Kaiser durch deutsche Fürsten beseitigt wird. An Friedrich wurde zu Nürnberg 1211 nur eine electio in regem Romanorum vorgenommen, vielleicht mit dem Zusatze et in futurum imperatorem, welcher uns bei der Erhebung Konrads IV. im Jahre 1237 begegnet[3]), so dass möglicherweise nebenbei auch daran der Papst angeknüpft haben kann. Damit lassen sich die übrigen Nachrichten ganz gut in Einklang bringen.[4]) Wo Friedrich sich selbst in imperatorem

---

1) B.-F. 703.

2) Man könnte vermuthen, dass der Papst auch gemeint habe, er müsse die Empfindlichkeit der deutschen Fürsten schonen und ihnen die Entscheidung in dem Streit zwischen Otto und Friedrich allein überlassen und dürfe nicht mit einem Titel vorgreifen. Die Rücksicht auf die Fürsten hat wohl bei seiner Politik gegen Deutschland mitgesprochen, aber sie ist für seine Stellung zur Titelfrage entscheidend nicht gewesen; denn weswegen änderte er dieselbe im Sept. 1213 und gab Friedrich doch nur den Titel eines erwählten Kaisers?

3) S. unter S. 43, Not. 2.

4) S. S. 52.

electus nannte, war es nur folgerichtig, wenn er am 26. September 1212, also vor der Frankfurter Wahl, dem Könige von Böhmen schrieb, er habe ihn vor den andern Fürsten zum Kaiser gewählt; zumal Friedrich, wie wir sehen werden, sich vor der Frankfurter Wahl gar nicht als rex oder auch nur in regem electus bezeichnen konnte. Dasselbe gilt von dem oben erwähnten Schreiben des Erzbischofs von Mainz. Die Schriftsteller ferner gaben Friedrich nur den Titel, welchen er sich selbst beilegte, und wir treffen denselben gerade in solchen Aufzeichnungen, die mit den Ereignissen gleichzeitig entstanden sind, die späteren haben ihn nicht mehr; und dass Friedrich bereits früher 1196 gewählt war, mochte wohl als Bestätigung dafür dienen, dass in Nürnberg bei seiner Erhebung etwas Besonderes geschehen sei. Ebensowenig ist aus den Worten des Hofkanzlers in seinem Bericht an den König von Frankreich zu schliessen, dass die Bezeichnung in imperatorem electus auf die frühere Wahl der Fürsten zurückgehe; eher könnte man aus der Gegenüberstellung von König und Kaiser etwas wie Spott heraushören: wir haben den erwählten Kaiser durch unsere Wahl zum König gemacht! Auch der Umstand, dass Friedrich unmittelbar nach der Frankfurter Wahl und der Königskrönung sich consequent und allein Romanorum rex ohne den Zusatz in imperatorem electus nennt, was nicht gegen den Willen der Fürsten geschehen konnte, spricht gewiss nicht dafür, dass sie es gewesen waren, welche ihn einst zum imperator electus erhoben hatten.

Ist also die Nürnberger Wahl auf eine einfache Königswahl reducirt, so bleibt noch übrig ihr Verhältniss zu der früheren Wahl von 1196 und zu der späteren zu Frankfurt 1212 festzustellen. Dass es sich für die Fürsten 1211 nur um eine Neuwahl handeln konnte, weil über die Rechtmässigkeit von Ottos Königthum wenigstens seit dem Jahre 1208 kein Zweifel bestand, habe ich schon vorhin dargelegt. [1]) Nun weisen indessen mehrere Schriftsteller bei Gelegenheit des Nürnberger Tages auf die frühere Wahl Friedrichs und auf die damals demselben von den Fürsten geschworenen Eide hin. Aber sollten sich wohl die Fürsten selbst zu Nürnberg darauf berufen haben[2])? Sie hätten sich nur ein

---

[1]) S. 31.

[2]) Das meint Winkelmann II, 280 und 600. Es hängt das damit zusammen, dass er annimmt, Friedrich sei in Nürnberg zum Kaiser erwählt.

Meineidszeugniss ausgestellt, und ein Recht auf den Thron haben
sie Friedrich aus der früheren Wahl nicht zuerkannt; wozu wäre
dann noch eine neue Königswahl nothwendig gewesen? Die
Schriftsteller, und wer sonst die Folge der Begebenheiten über-
blickte, mochten leicht dahin geführt werden, die schliessliche
Erhebung Friedrichs mit der früheren Wahl in Zusammenhang
zu bringen, und sein ungewöhnlicher Titel musste dazu beitragen,
den wahren Sachverhalt zu verdunkeln. Ausserdem fällt es auf,
dass Friedrich, der doch sein Recht auf den Thron als durch
die Regierung von Philipp und Otto nicht beseitigt ansah, in
den verschiedenen Privilegien, welche er den Fürsten gleich
nach seiner Ankunft in Deutschland zum Dank für ihre Unterstützung verlieh, nirgends auch nur andeutet, dass sie seinem
alten Rechte zur Anerkennung verholfen hätten. Aus diesen
Gründen ist es mir wenig wahrscheinlich, dass man zu Nürnberg
aus der früheren Wahl irgend ein Recht hergeleitet oder auch
nur irgendwie an dieselbe angeknüpft hat. Dass sie ihm jedoch
manchen Anhänger gewonnen hat, soll damit in keiner Weise
geleugnet werden.

Andererseits aber hat in Nürnberg nicht die definitive und
abschliessende Wahl Friedrichs stattgefunden, sondern nur seine
Designation [1]); die Fürsten beriefen Friedrich zur Regierung nach
Deutschland, sie einigten und verpflichteten sich, dass sie ihn,
sobald er komme, wählen würden, wobei wohl die Vorstellung,
sei es bewusst, sei es unbewusst, wirksam war, dass zur richtigen
Wahl die Anwesenheit des zu Wählenden gehöre. [2]) Für diesen
Charakter des Nürnberger Tages scheint mir einmal entscheidend,
dass Friedrich nicht sofort, als er nach Deutschland kam, gekrönt wurde, obwohl er allem Anschein nach bereits im October
1212 hätte nach Mainz gelangen können, der Stadt, in welcher

---

[1]) So auch Winkelmann a. a. O.

[2]) Bis zur ersten Wahl Friedrichs II. 1196 hat man, so viel ich sahe,
nie einen Abwesenden gewählt; wenigstens ist, wo es sich um die Erhebung
eines Kindes handelte, stets der Vater zugegen gewesen. Die Wahlen
Friedrichs II. 1196, 1197, 1198 in Abwesenheit erklären sich wohl aus den
besonderen Verhältnissen. Dass Otto IV. seiner Wahl zu Halberstadt im
Jahre 1208 beiwohnte, glaube ich S. 21, Not. 9 nachgewiesen zu haben.
Später sind Heinrich VII. und Konrad IV., obgleich noch Kinder, ebenso
Heinrich Raspe und Wilhelm von Holland bei ihrer Wahl zugegen gewesen.
Erst Richard und Alfons sind wieder als Abwesende gewählt. Die Erhebung
von Alfons kann für diese Dinge kaum in Betracht kommen, aber Richard

er später die Krone empfing. Er bedurfte eben der definitiven
Wahl, welche nur von einer allgemeinen Reichsversammlung
ausgehen konnte, und da die Berufung einer solchen geraume
Zeit, mindestens eine Anzahl Wochen, in Anspruch nahm, konnte
der Wahltag erst auf den Anfang December angesetzt werden.
Unmittelbar auf die definitive Wahl am 5. December folgte aber
auch am 9. December die Krönung. Ferner aber, wollte man
annehmen, Friedrich hätte bereits in Nürnberg die volle königliche
Gewalt erlangt, so könnte die Frankfurter Wahl nur eine solche
gewesen sein, durch welche einzelne Fürsten ihn als König anerkannten; es wäre also dort zu seiner Gewalt qualitativ nichts,
nur quantitativ etwas hinzugefügt worden. Dem widerspricht
aber das mehrfach citirte Schreiben des Hofkanzlers, wo auf das
Bestimmteste es ausgesprochen ist, dass Friedrich durch die
Frankfurter Wahl etwas Anderes wurde, als er bisher gewesen
war: er war erwählter Kaiser und wurde König. Endlich, wenn
sich Friedrich nach der Frankfurter Wahl und der Krönung
Romanorum rex nannte und den Titel eines erwählten Kaisers
ablegte, warum nannte er sich nicht schon vorher, wenigstens
seitdem er in Deutschland war, in regem electus? vorausgesetzt,
dass ihm durch einen definitiven Wahlakt der deutschen Fürsten
dieser Titel zukam.

Gegen die Ansetzung der Nürnberger Wahl als Vorwahl
lässt sich allerdings ein starker Einwand erheben: Friedrich hat
vor dem Frankfurter Wahltage unzweifelhafte Regierungsrechte
ausgeübt und allem Anschein nach sind ihm von einer Anzahl
Fürsten Treu- und Lehnseide geschworen, die sie nur dem Könige
leisteten; die obsequia der Fürsten, von denen Friedrich in seinen
Urkunden spricht, werden wohl nicht anders zu verstehen sein. [1]
Nun möchte man wieder zur Erklärung dieser Thatsachen auf
die frühere Wahl von 1196 zurückgreifen; ob aber mit Recht,

hatte sich doch vor der Wahl verpflichtet bis zu einem bestimmten Termin
nach Deutschland herüberzukommen; Winkelmann, Acta I, 688, n. 783. Zu
Grunde lag wohl die Vorstellung, dass der neue König, wenn er nicht etwa
allein der bei Lebzeiten des Vaters bestellte Nachfolger desselben war, mit
der Wahl sofort die Regierung antrat, und vollständig konnte das nur geschehen, wenn er persönlich die Herrschaft übernahm. Die Bitte, nach der
die Anwesenheit des zu Wählenden erforderlich war, konnte aber auf die
Wahlen, durch welche nur der Nachfolger bestimmt wurde, um so leichter
übertragen werden, als dieser auch bereits Eide zu empfangen pflegte.
[1] B.-F. 671 u. folg.

ist mir nach Obigem und bei dem Schweigen der Urkunden
Friedrichs über diesen Punkt sehr zweifelhaft. Eher möchte ich
hierfür die Designation mit ihren rechtlichen Folgen heranziehen.
Zwar sind die Rechte eines zum König Designirten kaum jemals
durch einen Rechtsspruch fixirt worden; denn die Designirten
wurden in der Regel sehr bald gewählt, und wo die Wahl wie
bei Ludwig dem Kinde, Heinrich III. und Heinrich IV. längere
Zeit oder wie bei Ludolf dem Sohne Ottos I. ganz unterblieb,
kamen sie, da ihre Väter lebten, überhaupt nicht in die Lage,
sich mit Regierungsgeschäften befassen zu müssen. Aber wir
hören doch, dass Ludwig das Kind[1], Ludolf[2] und Heinrich IV.[3]
nach ihrer Designation bereits die Treueide der Grossen des
Reichs empfangen haben, und ähnlich wie diese Designationen
werden auch die Beschlüsse bei den Vorberathungen für eine
neue Wahl wohl regelmässig von den Anwesenden beschworen
sein. Ausdrücklich überliefert ist uns das, als 1198 die niederrheinischen Fürsten den Herzog von Zäringen zum deutschen
König wählen wollten[4]; auch der Pfalzgraf bei Rhein hat eidlich
versprochen Richard 1257 seine Stimme zu geben.[5] In gleicher
Weise werden die deutschen Fürsten, welche 1211 Friedrich nach
Deutschland beriefen, schon um einander sicher zu sein, geschworen haben, ihn bei seiner Ankunft wirklich zu wählen.
Also bindende Verpflichtungen schuf bereits die Designation oder
Vorwahl. Stand nun der endgiltigen Wahl Friedrichs 1212 nur
im Wege, dass die allgemeine Reichsversammlung nicht sofort
zur Stelle war, sondern erst berufen werden musste, und geboten
es die Verhältnisse, dass er inzwischen die Rechte eines Königs
auch als Designirter in Anspruch nahm, so mochte über die
momentan noch ausstehende formale Befugniss wohl hinweggesehen
werden, und am ersten von den Fürsten, welche ihn erhoben
hatten und welche er kraft seiner, wenn auch vorläufig noch
nicht vollberechtigten Gewalt mit Wohlthaten überhäufte.

An Friedrich II. sind somit die sämmtlichen Handlungen,
welche man als Wahlen bezeichnete, vollzogen worden. Bei
Lebzeiten seines Vaters ist er 1196 zum Nachfolger gewählt;

[1] Herim. Aug. Chron. a. 897; 88. V, 111.
[2] Köpke-Dümmler, Otto d. Gr. 149, Not. 4.
[3] Steindorff, Beibr. III., II, 118, Not. 2.
[4] duci Cerugie fidem fecerunt, quod — — eum — — regem crearent;
Chron. reg. Col. p. 168.
[5] Winkelmann, Acta 1, 588, n. 788.

1197 hat ihn der Erzbischof von Köln, welcher ihm 1196 seine Stimme nicht gegeben hatte, auch seinerseits gewählt und damit anerkannt; 1198, als er die Regierung antreten sollte, ist er von den auf dem Kreuzzuge befindlichen Fürsten von Neuem gewählt. Sein Recht wurde aber durch die Erhebung Philipps und Ottos IV. nach der Ansicht der deutschen Fürsten hinfällig. Im Jahre 1211 haben sie ihn in Nürnberg von Neuem zum König designirt und ihn 1212 zu Frankfurt endgültig gewählt. *)

*) Vielleicht ist Friedrich nach dem Tode Ottos IV. nochmals gewählt worden. Die Ann. Stad. (SS. XVI, 357) berichten zu 1218: Rex Fridericus Hervordiae celebrata curia in imperio confirmatur, A. 1219. Rex Fridericus conventu habito apud Goslariam principes convocavit, ubi dux Heinricus ei imperii insignia presentavit. Ferner Sächs. Weltchr. p. 241, cap. 357: Deme (Friedrich) antworde de hertoge Heinric, des keiser Otten broder, dat rike to Goslare. Es erinnert das daran, dass bei Thietmar V, 9 der Herzog von Sachsen Heinrich II. ‚regni curam commillit', wofür die Ann. Quedlinb. ‚eligere' sagen; s. S. 3, Not. 2. Über die Reichstage zu Erfurt und Goslar vergl. R.-F. 1023a u. 1024a. Es scheint mir nichts im Wege zu stehen, dass zu Erfurt von dem Pfalzgrafen Heinrich und andern bisherigen Anhängern Ottos Friedrich gewählt und ihm zu Goslar die Reichsinsignien überliefert sind.

VI.

Nach unsern bisherigen Resultaten werden wir auch eine Stelle, welche wir über die Erhebung Konrads IV. haben, als wiederholte Wahl deuten müssen. Konrad wurde im Februar 1237 zu Wien gewählt, und zwar von den Erzbischöfen von Mainz, Trier und Salzburg, den Bischöfen von Bamberg, Regensburg, Freising und Passau, dem Pfalzgrafen bei Rhein, dem König von Böhmen, dem Landgrafen von Thüringen und dem Herzog von Kärnthen. Die Fürsten waren, wie sie selbst in der über die Wahl ausgestellten Urkunde sagen, von Friedrich II. zur Wahl berufen worden[1]; es war also, wie man annehmen muss, ein allgemeiner Wahltag ausgeschrieben, zu welchem alle Fürsten entboten waren. Die Wahl selbst muss als definitive bezeichnet werden; denn die Wähler erklären in jener Urkunde: wir haben Konrad zum König der Römer und zum künftigen Kaiser erwählt und dem Kaiser, seinem Vater, geschworen, dass wir nach seinem Tode den genannten Konrad, welchen wir zum König wählten, als unsern Herrn und Kaiser haben werden.[2] Ausserdem erscheint Konrad sehr bald nach seiner Wahl, zuerst am 28. November 1237, unter der Vormundschaft des ersten Wählers, des Erzbischofs von Mainz, als in Romanorum regem electus[3], also unter dem Titel, welcher dem gewählten aber nicht gekrönten König zukam. Gekrönt ist Konrad niemals.

---

[1] Ad vocationem et preces — — imperatoris — — vota nostra contulimus in Corradum; Huillard-Bréholles, Hist. dipl. Frid. II., V, 8d.

[2] Eligentes ipsum ibidem in Romanorum regem et in futurum imperatorem nostrum post obitum patris habendum, ac etiam fide data eidem domino imperatori sacramento firmavimus, quod prefatum Conradum a nobis in regem electum post mortem prenominati patris sui dominum et imperatorem nostrum habebimus; ibid.

[3] B.-F. 4387.

Nun erzählt uns die Chron. regia Colon. a. 1237, ed. Waitz
p. 270: imperator ab Austria ascendit usque Ratisponam, principibus
apud Spiream ad colloquium evocatis. Ubi cum quidam principes
convenissent, ab eo ad convivium invitantur. Filium eciam suum
Cunradum adhuc puerum, prius in Austria regem Theutonie
designatum, denuo ab ipsis optinet approbari. Zu Speier ist
also der zum deutschen König designirte Konrad von einigen
Fürsten approbirt worden. Die Bezeichnung für Konrad als
designatus ist, wie wir wissen, nicht genau; doch mochte man
den bei Lebzeiten des Vaters erwählten Nachfolger leicht als
designatus ansehen, insofern er noch nicht eigentlicher Herrscher
war und später beim Beginn seiner Regierung noch eine zweite
Wahl wenigstens folgen konnte, welche dann als diejenige er-
schien, die ihm erst volles Recht gab.

Die Thatsache jedoch, dass zu Speier die Wahl Konrads
von einigen Fürsten bestätigt ist, wird man unbedenklich annehmen dürfen. Das würde nach Analogie der früheren Fälle
heissen, dass ihm Fürsten, welche bei der Wahl in Wien nicht
mitgewirkt hatten, nunmehr ihre Stimme gaben. Urkundlich
lassen sich zu Speier im Juni 1237 folgende Fürsten nachweisen[1]:
die Erzbischöfe von Mainz und Trier, die Bischöfe von Speier
und Worms, der Markgraf Johann von Brandenburg[2] und der
Herzog von Limburg. Diese haben Konrad, mit Ausnahme der
beiden Erzbischöfe, welche ihn bereits zu Wien gewählt hatten,
nun ihrerseits, jeder einzeln für sich, in feierlicher Weise zu ihrem
König erklärt.

Das Merkwürdige an dieser Wahl ist, dass sie stattfand,
trotzdem die Reichsversammlung zu Wien augenscheinlich in
vollkommen ordnungsgemässer Weise und für die Wahl berufen
war. Gewiss war Konrad auch durch die Wiener Wahl allein der
rechtmässig gewählte Nachfolger seines Vaters, man sieht aber, dass
auch nach einer formell unanfechtbaren Entscheidung der Reichsversammlung, durch welche man das ganze Reich für gebunden
halten sollte, Fürsten, die abwesend gewesen waren, nachträglich
noch ihr Stimmrecht ausüben konnten und ihr Votum noch Werth

---

[1] B.-F. 2259 u. folg.

[2] Vielleicht ist diese Wahl des Markgrafen für das Kurrecht von
Brandenburg nicht ganz bedeutungslos gewesen, wie überhaupt die Resultate
dieser Untersuchungen die Beurtheilung der Kurfürstenfrage in einigen
Punkten beeinflussen dürften, schon deswegen weil neues Material über
Königswahlen beigebracht ist.

und Bedeutung hatte. Die nachträgliche Wahl zu Speier wird, wie das unsere Quelle auch zu verstehen giebt, auf den besonderen Wunsch Friedrichs II. zurückzuführen sein. Sein Verhältniss zum Papste spitzte sich bereits merklich zu, und wie er sich in seinem Vorgehen gegen die Lombarden möglichst durch die Zustimmung der Reichsfürsten zu decken und zu stärken suchte, so auch bei der Sicherung der Nachfolge. Vom Papste scheint denn auch Konrad nie als deutscher König anerkannt zu sein. [1]

[1] Gregor IX. nennt Konrad noch 1233, März 24 ,carissimus in Christo filius'; Mon. Germ. Ep. sel. I, 415, n. 516; später finde ich diese den Königen zukommende Bezeichnung für Konrad nicht mehr. 1237, Nov. 2, also nach der Wahl, heisst er nur ,dilectus filius nobilis vir'; Pottb. 10477; 1239 nach Friedrichs Excommunication fehlen auch diese Worte; Ep. sel. I, 648, lin. 11, Pottb. 10766; 1240. Jun. 2 spricht Gregor von ,Corrado nato Fr. dicti imperatoris, qui se facit regem Teutonie appellari'; Ep. sel. I, 675, n. 776.

VII.

Wir haben also bei den Wiederholungen von Königswahlen zwei Arten auseinanderzuhalten, welche in ihrem Wesen verschieden sind. Der König, welcher bei Lebzeiten seines Vaters gewählt wurde, hatte, selbst wenn er gekrönt wurde, noch nicht das gleiche Recht wie dieser auf das Reich, sondern gewann dasselbe erst dann, wenn er das Reich beherrschte. Der Antritt der wirklichen Herrschaft schuf für den bereits gewählten König nicht nur ein neues thatsächliches Verhältniss, sondern gab ihm überhaupt erst sein volles Recht. Es hatte das seinen Grund in der Bedeutung, welche man dem Besitz einer Sache beimass. Zur Erläuterung darf man daher wohl die Güterübertragungen im privaten Recht heranziehen. Dieses schied bei denselben zwei selbständige Handlungen: die Überlassung des Rechts auf die Sache, durch welche zunächst nur ein Verhältniss zwischen dem Veräusserer und dem Erwerber hergestellt wurde, nicht zwischen dem Erwerber und der erworbenen Sache, und die Einführung in den Besitz, welche eine selbständige, durch einen symbolischen Akt sich vollziehende Handlung war. Erst durch den Besitz der Sache entstand ein volles Eigenthum über dieselbe. Dass man nun den Übergang des Reichs von einem Herrscher auf den andern als Besitzwechsel behandelte, lag nahe genug. In der Wahl, welche man nach dem Tode des seitherigen Königs an einem vorher noch nicht gewählten vornahm, vereinigten sich beide Akte: die Übertragung des Rechts und die Einführung in den Besitz; der Moment der vollzogenen Wahl war der Augenblick, in welchem der neue König die Regierung antrat, und das ist wohl der Anlass gewesen, weswegen man im Allgemeinen darauf hielt, dass der zu wählende bei der Wahl anwesend war.[1]) Die Krönung gab dem König eine höhere Weihe und kräftigte

---

[1]) S. S. 39, Note 2.

ein Recht, aber alle Regierungsrechte übte er schon vor derselben.[1]) Dass eine solche Wahl zugleich einer Einführung in
den Besitz gleichkomme, schimmert auch einzeln in den Worten
unserer Quellen durch. In der Erklärung von Speier vom
28. Mai 1199 schrieben die deutschen Fürsten, welche sich als
Wähler Philipps bezeichneten, an Innocenz III. (LL. II, 202):
sie würden ihren König unterstützen, adiutorium prestituri, quod
nullus in imperio et in terris, quas serenissimus frater suus
habuit, ipsius audebit dominium recusare. Das Chron.
Sampetr. p. 50 sagt von der Halberstädter Wahl Ottos 1208:
— — de electione in regem Ottonem omnes convenerunt in
unum. Inde marscalous (Henricus de Kalentin) — — adiens
regem Ottonem regni insignia, civitates, urbes et castella
sibi utpote potentie regali subegit. Noch deutlicher sind
die theoretischen Auseinandersetzungen, welche Richard von Cornwall dem Papste Urban IV. schickte.[2]) Nachdem er geschildert,
wie der deutsche König in richtiger Weise gewählt und gekrönt
werde, fährt er fort: quo facto cuilibet via precluditur contra
electionem vel electum, iam regem Romanorum effectum, dicendi
aliquid vel etiam opponendi, — — ei — debet — obediri, suo
more homagia et fidelitatis iuramenta prestari, assignari civitates, oppida, castra — — et alia iura imperii. Aber
entsprechend dem privaten Rechte kam es darauf an, dass der
König auch wirklich in den Besitz des Reiches gelangte. Der
Besitz besserte das Recht des Königs. Philipp beruft sich 1206
in einem Schreiben an Innocenz III. für die Rechtmässigkeit
seines Königthums darauf, dass er nach seiner Wahl 1198 das
Reich 10 Wochen lang widerspruchslos im ruhigen Besitz gehabt
habe,[3]) dann erst sei Otto IV. gewählt worden; ebenso macht
Richard von Cornwall geltend, dass er im Besitze des Reiche

---

[1]) Konrad IV. und Heinrich Raspe sind nie gekrönt, Philipp ein halbes
Jahr, Wilhelm von Holland ein ganzes nach der Wahl, ohne dass sie deswegen in ihrer Regierungsthätigkeit inzwischen behindert waren. Urban IV.
schrieb an Richard, als er ihn und Alfons als ‚in Rom. regem electos' bezeichnet hatte. In einer freilich einseitigen Darstellung: tibi non ex coro-
natione sed electione, per quam, si sit legitima, jus solet acquiri,
electi titulum duximus ascribendum; so ist Rayn. a. 1263, § 44, Potth. 18633,
nach den päpstlichen Regesten zu corrigiren.

[2]) Raynald. a. 1263, § 53; Potth. 18585.

[3]) post ipsam electionem nostram per continuas decem septimanas sine
contradictione fuimus in imperii quieta possessione; LL. II,
811, lin. 56.

sei, sein Gegner Alfons aber nicht.[1]) — Wo nun aber eine Ein-
weisung in den Besitz bei der Wahl ausgeschlossen war, indem
durch dieselbe nur einem regierenden Könige der Nachfolger
bestellt wurde, konnte man diese Wahl leicht als eine alleinige
Übertragung des Rechts auffassen, welche erst in der späteren
Besitzergreifung ihre Ergänzung fand. Ich will nicht sagen, dass
man sich im Mittelalter in dieser Weise die Königswahlen theoretisch
construirt hat; da aber im Privatrecht Anschauungen wie die eben
entwickelten bestanden, erscheint es begreiflich, wie man zu der
Ansicht neigen konnte, dass wenn man einen Königssohn bei
Lebzeiten seines Vaters zum Nachfolger wählte, man ihm noch
nicht das volle Recht am Reich übertrug,[2]) und wie daher am
Beginn der wirklichen Regierung noch eine zweite Wahl, die
eigentliche Einführung in die Herrschaft, folgen konnte. So möchte
ich die zweite Wahl Friedrichs II. 1198, die Ottos II. 973 erklären. Andererseits aber, wie beim Besitzwechsel die entscheidende
Handlung die Übertragung des Rechts auf die Sache war und
die Besitzeinweisung allerdings ein nothwendiger Akt, aber unter
normalen Verhältnissen doch nur eine Formalität war, so mochte
auch die Wahl beim Regierungsantritt des bereits gewählten
Königs, besonders wenn die Gewinnung der wirklichen Herrschaft
ausser Zweifel stand, als weniger wichtig erscheinen, sich vielleicht
weniger förmlich vollziehen oder auch ganz unterbleiben. Doch
ist diese zweite Wahl vielleicht öfter vorgekommen, als uns
überliefert ist.

Eine zweite Art von Wiederholungen der Wahlhandlung
entstand dann, wenn bei der ersten Wahl einzelne Fürsten, welche
eine Stimme besassen, dieselbe nicht abgegeben hatten und dies
später durch einen besonderen Wahlakt thaten. Das ist bei der
Wahl Philipps 1205, Ottos IV. 1208, Wilhelms von Holland 1252,
Friedrichs II. 1197, Konrads IV. 1237 geschehen; in früherer
Zeit finden wir etwas Ähnliches vornehmlich bei der Erhebung
Heinrichs II. In diesem Fall ist die erste Wahl bereits als eine
fertige, abgeschlossene Wahl zu betrachten, welche dem erwählten
König sein volles königliches Recht gab, so weit das durch die
Wahl möglich war; die zweite Wahl erscheint als eine neue,

---

[1]) Hayn. a. 1263, § 55; Winkelmann, Acta I, 455, lin. 21.
[2]) Daraus ist es auch wohl z. Th. zu erklären, dass man nach dem
Tode Heinrichs VI. so schnell von der Erhebung Friedrichs II. abkam.
Dazu kam freilich, dass er ein kleiner Knabe und von Deutschland fern war.

selbständige Wahl, welche nur für diejenigen eine Bedeutung
hatte, die bei ihr betheiligt waren.[1]) Die zweiten Wähler schufen
nun ihrerseits, soweit sie im Stande waren, ihren König, und
wenn sie auch bei der Abgabe ihrer Stimmen zu demselben
Resultat kamen wie die ersten Wähler und somit faktisch nichts
anders thaten als die bereits anderweitig begründete königliche
Gewalt anerkennen, so darf man doch, weil sie theoretisch
dieselbe Freiheit für ihre Entscheidung in Anspruch nahmen wie
die ersten Wähler, genau genommen den Akt nicht als Anerkennung bezeichnen, sondern kann nur von einer Anerkennungswahl reden.

Der Beweis dafür liegt einmal darin, dass unsere Quellen
zwischen Wahl und Anerkennung wohl zu unterscheiden wissen.
Die Anerkennung geschah durch Eide, den Treu- und Lehnseid,
die Wahl durch eine Erklärung des Wählers, dass er den und
den zum König wähle, d. h. dessen königliche Gewalt creire.[2])
Es ist sogar vorgekommen, dass die Eide vor der Wahl geleistet
sind, so bei der Wahl Philipps durch die niederrheinischen
Fürsten 1205, auch der Magdeburger Erzbischof und andere
haben Otto IV. vor seiner Wahl 1208 Treue geschworen. Dass trotz
dieser Eide dieselben Fürsten nachher noch den König wählten,
ist der beste Beleg dafür, dass Wahl und Anerkennung in ihrem
Wesen und in ihrem Zweck als etwas Verschiedenes aufgefasst
wurden.

Einen weiteren Beweis finde ich darin, dass ebenso wie die
erste Wahl des Königs auch der spätere Zutritt einzelner Fürsten
electio genannt wird. Gerade das Wort, welches unserm ‚anerkennen‘ am vollständigsten entspricht, recognoscere, wird für
den zweiten Akt nicht gebraucht. Wenn die Quellen einzeln von
confirmare, corroborare, approbare reden, so betonen sie damit
die Folge, welche der nachträgliche Zutritt einzelner Fürsten
hatte. Jedoch durchaus die Regel ist, dass dieser wie die erste
Wahl electio heisst; daneben kommt der synonyme Ausdruck
collaudatio vor, welcher speciell die feierliche Kur bedeutet. Nun
wird zwar mit electio sowohl die Vorwahl, die Vorberathung über
den zu Wählenden, die Designation desselben für die Hauptwahl,
als auch die Hauptwahl selbst, die abschliessende, öffentliche

---

[1]) Dass darin ein gewisser Widerspruch, eine Unklarheit liegt, ist mir
bewusst; ich denke, es wird das im Folgenden seine Erklärung finden.

[2]) Vergl. eligere — regni curam committere S. 42, Note 1.

Kur bezeichnet; aber bei Vorwahl wie Hauptwahl wurde doch dieselbe Handlung des Wählens vorgenommen, nur unter verschiedenen Umständen und daher mit verschiedener Wirkung. Wenn daher an einem bereits gewählten König nochmals eine electio vollzogen wurde, so muss man aus dem Wort electio folgern, dass auch die zweite Handlung eine Wahl war. Man wird nicht einwenden, dass die mittelalterlichen Quellen bei Gelegenheit der Erhebung von Bischöfen mit electio öfter eine feierliche Anerkennung bezeichnet haben. Wurden im 12. Jahrhundert und früher vielfach die Bischöfe von den Königen eingesetzt und schritten nachher Clerus und Volk der Bischofsstadt trotzdem noch zu einer electio, so hat man darin unzweifelhaft eine Wahl zu sehen. Es kam darin, wenn auch oft wohl in wenig förmlicher Weise, das alte Wahlrecht von Clerus und Volk zum Ausdruck, welches die faktische Ernennung der Bischöfe durch die Könige wohl bei Seite geschoben, aber nicht vernichtet hatte und welches später in etwas veränderter Gestalt wieder zur Herrschaft gelangte. Und für das Recht des Bischofs auf sein Amt ist diese Einführung durch eine Wahl keineswegs ohne Belang gewesen.[1)

Allerdings wird man bei Feststellung des Begriffs der electio auch damit rechnen müssen, dass das Wort, wie jedes andere, in übertragenem Sinn gebraucht werden konnte. So sind wohl die Fälle zu deuten, welche Ficker zu den Böhmerschen Regesten 240 d anführt, wo er darauf hinweist, dass man auch von einer electio des Lehnserben im Fürstenthum durch die Grossen desselben, ja sogar von einer electio der Königin durch die Fürsten gesprochen habe. Leider kenne ich die Stellen nicht, möchte aber vermuthen, dass mit der electio nicht zunächst die Anerkennung, sondern das feierliche Ausrufen bezeichnet worden ist, in welchem bei der Königin eine Art Anerkennung zugleich enthalten war.[2)] Für die Anerkennung des Lehnserben werden

¹) Vergl. Bernheim, Lothar III. u. d. Wormser Concordat 25 u. folg.; Forsch. XX., 361—365.

²) Merkwürdig ist auch Ann. Halensien. a. 1235, SS. XVI, 483: Imbella soror regis Anglie electa est imperatrix Alemannie. Hier ist weder an Wahl, noch an Anerkennung, noch an ein Ausrufen zu denken, sondern wie man die Erhebung eines deutschen Königs als seine Wahl bezeichnen konnte, so ist es auch, wenig passend, bei der durch Heirath erfolgten Erhebung der Isabella zur Kaiserin geschehen.

Eide ausserdem gefordert sein. So mochte besonders in letzterem Falle die Feierlichkeit den Eindruck einer Wahl machen; doch wäre wohl noch nachzuforschen, ob nicht etwa die Erinnerung an ein früheres Wahlrecht der Grossen fortlebte. Überhaupt möchte ich, da das Wort eligere überwiegend in ganz bestimmter, technischer Weise gebraucht wird, demselben an schwierigen Stellen zunächst nicht eine andere Bedeutung unterschieben, sondern umgekehrt aus dem eligere eher auf ein auffallendes Wahlrecht schliessen, das entweder vorhanden war oder gewesen war oder beansprucht wurde. Jedenfalls aber stand, wie man annehmen muss, der Begriff der Königswahl so fest, dass, wo die Schriftsteller davon reden, sie auch eine solche haben bezeichnen wollen.

Weswegen einzelne Fürsten nach geschehener Hauptwahl noch ihre Stimmen in feierlicher Wahl dem Könige gaben, ist schon früher berührt worden.[1] Für die Fürsten kam es darauf an durch die Ausübung ihres Wahlrechts die Entstehung schädlicher Präcedenzfälle zu verhüten, für den König die ausdrückliche Wahlerklärung der Fürsten zu besitzen. Die einfache Unterwerfung oder Anerkennung durch Eide konnte leicht als erzwungen angesehen werden, wohingegen die Wahl in höherem Grade als das Resultat eines freien Entschlusses erscheinen musste. Dass aber die Stimmen von denen, welche bei der Hauptwahl nicht mitgewirkt hatten, nach derselben noch Werth hatten, hat seinen letzten Grund darin gehabt, dass man für die Königswahl Einstimmigkeit verlangte. Der uns als selbstverständlich geltende Satz, dass in solchen Fällen die Entscheidung der Majorität eine etwaige dissentirende Minderheit mitverpflichtet, widerstrebte überhaupt dem Empfinden der mittelalterlichen Deutschen. Das Majoritätsprincip ist in Verbindung mit der Königswahl während des 13. Jahrhunderts nur sehr vereinzelt aufgetaucht.[2] Praktisch konnte es überhaupt erst werden mit der Beschränkung der

---

[1] S. 12.

[2] So in Schreiben Innocenz III., vergl. Quidde, Entst. d. Kurfürsten-collegs 71 u. folg.; in dem Protest der deutschen Fürsten zu Gunsten Philipps gegen Innocenz 1202; Reg. super neg. imp. 61; bei dem Streit zwischen Richard und Alfons, Winkelmann, Acta I, 455, n. 567 u. Potth. 18634; im Schwabenspiegel Ld. R. c. 130. Auch für das Schiedsgericht, welches 1200 über das Recht Philipps und Ottos IV. entscheiden sollte, war das Majoritätsprincip angenommen; B.-F. 45a.

Wähler auf eine bestimmte Zahl, also mit der Ausbildung des Kurfürstencollegs, und reichsgesetzliche Sanktion hat es für die Königswahl erst 1338 erhalten.[1])

Man wird nicht einmal behaupten können, dass das Votum der Anwesenden die Abwesenden unbedingt gebunden habe. Gewiss ist im Allgemeinen nicht zu bestreiten, dass Beschlüsse, welche auf ordnungsgemäss angesagten Reichstagen mit Beobachtung aller Formen gefasst worden, für das ganze Reich und für jeden Einzelnen Rechtskraft hatten; und zu den Reichstagen gehörten auch die Wahltage. So ist denn auch gerade da, wo einzelne Fürsten nachträglich gewählt haben, entweder eine allgemeine Versammlung gar nicht berufen oder ihre formale Rechtmässigkeit angefochten worden. Ersteres war bei der Erhebung Heinrichs II, und Konrads III. der Fall, letzteres bei der Philipps, Ottos IV, und Wilhelms von Holland. Schwer lässt sich aber schon gegen die Frankfurter Versammlung von 1198, auf welcher Friedrich II. gewählt wurde, etwas einwenden, und gewiss nichts gegen den Wiener Tag 1237, auf welchem die Erhebung Konrads IV. erfolgte, und doch sind zu jener wie zu dieser Wahl später zustimmende Erklärungen einzelner Fürsten eingeholt worden. Allerdings hatten beide Male die Kaiser ein besonderes Interesse daran, möglichst viele Stimmen auf ihre Söhne zu vereinigen; aber merkwürdig bleibt es, dass zu bereits formell vollkommen gültigen Entscheidungen die nachträgliche ausdrückliche Zustimmung rechtlich noch möglich war, ja ihnen zur Bekräftigung diente; denn das lässt umgekehrt schliessen, dass diejenigen, welche an der Wahl nicht mitgewirkt hatten, dem König weniger verpflichtet waren, als die, welche für ihn gestimmt hatten.

Bei einer consequenten Weiterführung dieser Anschauung würde man dahin kommen, dass der König nur der König seiner Wähler und derjenigen gewesen sei, welche ihn anerkannt hatten. Und allerdings eine gewisse Neigung zu einer solchen Auffassung der staatlichen Verhältnisse ist nicht zu leugnen. Wo Einstimmigkeit Erforderniss bei der Königswahl war, ergab es sich von selbst, dass, wer einen König nicht wählte oder die Wahl an Bedingungen knüpfte, welche nicht erfüllt wurden, oder die nöthigen Eide nicht leistete, dem König auch die Anerkennung versagte. Dann musste Gewalt entscheiden, und je nach dem Ausgang des Kampfes grenzte sich die Herrschaft des Königs thatsächlich in

[1]) Zoepfl, Rechtsgesch. 4. Aufl. Bd. II, § 58, S. 814.

der angegebenen Weise von selbst ab. Würde gegen einen König
von seinen Widersachern ein anderer als Gegenkönig aufgestellt,
so lag die Sache noch klarer; dann war jeder von ihnen eben nur
der König seiner Anhänger. [1])
Diesen thatsächlichen Verhältnissen zur Seite geben gewisse
ihnen entsprechende Rechtsvorstellungen, welche zwar nicht
unbedingt und widerspruchslos herrschten, aber doch vorhanden
waren. Schon das Bestreben, die nicht abgegebenen Stimmen
auch nach der Wahl noch zu gewinnen, legte den Gedanken nahe,
dass die Wahl als solche eine vollständige Verpflichtung gegen
den König für die Gesammtheit noch nicht schuf, sondern zunächst
nur für die Wähler. Aber man kann den Satz allgemeiner fassen:
es galt für nothwendig, dass überhaupt jeder einzelne sich durch
eine freie Handlung zu dem neuerhobenen König in das richtige
Verhältniss setzte. Die Form dafür war der Eid. Das Wahlrecht und der Eid des Volkes stehen in Beziehung zu einander
und haben eine ähnliche Entwicklung durchgemacht. Zur Zeit
der Merowinger und Karolinger wurde der Eid der Treue von
jedem freien Mann gefordert. Als aber jene zahlreichen, mannig-
faltigen, für das Mittelalter so charakteristischen Abhängigkeits-
verhältnisse mehr und mehr Ausdehnung und festere Formen
gewannen und lehnsrechtliche Anschauungen das ganze Staats-
leben durchdrangen, zerriss die unmittelbare Verbindung des
Königs mit weiten Kreisen des Volks. Diese erschienen nunmehr
zunächst abhängig von ihren Herren und erst mittelbar vom König.
Damit verringerte sich die Zahl derjenigen, welche dem König zu
schwören hatten. Wer überhaupt zum Eide verpflichtet war,
ist nicht ganz klar: im Allgemeinen bemerkt man, dass ihn diejenigen leisteten, welche in unmittelbarer Abhängigkeit vom Könige
standen. Doch wird man ihren Eid, wenigstens bis zur Entstehung
der Landesherrschaft 1231, als allgemeinen Eid des Volkes anzusehen haben, so gut wie die Wahl des Königs trotz des entscheidenden Gewichts einzelner Stimmen bis zur vollständigen
Ausbildung des Kurfürstencollegs eine allgemeine Wahl des
Volkes war. Fürsten und Grosse schwuren und wählten als
diejenigen, welche nach der natürlichen Ordnung der Dinge die
berufenen Vertreter des Volkes waren, und sie handelten für

---

[1]) S. z. B. lantgravios, reprobato rege suo Ottone, Philippo regi se
iuramento et hominio obligavit; Chron. Sampetr. 46.

dieses mit. — Worauf es nun ankommt, das ist der Charakter des Eides. Ich sehe dabei ab von dem Eide der früheren Zeit.[1]) Für die Zeit, welche uns beschäftigt, den Anfang und die Mitte des 13. Jahrhunderts, ist der Eid des Volkes jedenfalls nicht schlechthin als rechtliche Consequenz der Wahl des Königs aufzufassen, schon deswegen nicht, weil er nur zur Hälfte ein staatlicher Eid, zur andern Hälfte dagegen ein Lehnseid war. Allerdings die Wähler des Königs erklärten durch die Wahl zugleich ihre Bereitwilligkeit zum Eide, aber erst durch diesen wurde von ihnen und überhaupt von allen, welche ihn leisteten, das Treuverhältniss zum König rechtlich bindend begründet. Deutlich offenbart sich das darin, wie die Eide seitens der Päpste behandelt sind. Als Philipp 1201 reprobirt, Otto IV. 1210 und Friedrich II. 1245 abgesetzt wurden[2]), haben die Päpste die Unterthanen von ihren Eiden noch besonders gelöst.[3]) Also trotz Reprobation und Absetzung blieben die Eide und die daraus fliessenden Verbindlichkeiten bestehen. Der Eid kann sonach nicht die einfache Folge der Entstehung der königlichen Gewalt gewesen sein, weil er mit derselben nicht erlosch. Man kann das Verhältniss so definiren: durch die Wahl entstand für die Wähler die stärkste moralische Verpflichtung gegen den König, aber erst der Eid schuf das formal rechtliche Band[4]); jedoch ebenso wie die Wahl war der Eid das Resultat einer freien und selbständigen Handlung, zu welcher das Individuum nicht ohne Weiteres auf Grund der vollzogenen Wahl verpflichtet war.

Existirten solche Anschauungen, so konnten diejenigen, welche einen König nicht wählten oder nicht anerkannten und einen Gegenkönig erhoben, nicht geradezu als Rebellen betrachtet werden. Zwar die Neigung dazu war begreiflicher Weise auf beiden Seiten jeder Zeit vorhanden. Aber in gewissem Sinn erscheint doch

---

[1]) Dass z. B. unter Karl d. Gr. und zu manchen andern Zeiten der Eid allgemein als etwas betrachtet wurde, das niemand dem Könige verweigern könne, ist ganz sicher. Aber man darf auch wohl darauf hinweisen, dass, als einst Verschwörer gegen das Leben Karls vor Gericht gestellt wurden, sie sich darauf beriefen, dass sie demselben keine Treue geschworen hätten; Waitz, Verf.-Gesch. III, 291.

[2]) Winkelmann I, 209; II, 249; Potth. 11733.

[3]) Dasselbe hat Gregor VII. gethan, als er 1076 Heinrich IV. absetzte; Jaffé, Reg. Gr. p. 224.

[4]) Daraus erklärt es sich auch wohl, dass Philipp 1204 von den niederrheinischen Fürsten bei ihrer Unterwerfung erst den Eid forderte, dann erst 1205 die Wahl nachfolgte.

der Kampf der Gegenkönige als ein Kampf um das Reich, nicht als die Empörung des einen gegen den andern. Den Eindruck gewinnt man aus manchen zeitgenössischen Darstellungen. Auf dieselbe Auffassung stösst man, wenn man daraufhin die Vorgänge bei der Erhebung Ottos IV. 1208 prüft.[1]) Indem die siegreiche staufische Partei keine Neuwahl und keine neue Krönung verlangte und somit Otto ein gewisses Recht auf das Reich auf Grund seiner früheren Wahl zuerkannte, gab sie zu, dass diese wenigstens nicht gegen alles Recht geschehen sei. Damit waren denn auch Ottos frühere Wähler und Anhänger gerechtfertigt. Deutlicher noch spricht der schon erwähnte Brief, welchen der Cardinallegat Hugo nach der Braunschweiger Wahl Wilhelms 1252 schrieb, worin er sagt, dass sich nun niemand, wie bisher eine Anzahl Städte, damit entschuldigen könne, dass sie dem König Wilhelm nicht zu gehorchen brauchten, weil der Herzog von Sachsen und der Markgraf von Brandenburg dessen Wahl nicht zugestimmt hätten.[2]) Das heisst doch, so lange die Zustimmung oder Wahl der beiden Fürsten unterblieben war, konnten die Städte mit gewissem Rechte ihren Ungehorsam entschuldigen; und was von den Städten, galt sicher von den Wählern selbst, denen damit von der Gegenpartei zugestanden wird, dass sie bis zu ihrer Wahl mindestens ein geringeres Mass von Verpflichtung gegen den König hatten als die Wähler, welche ihre Stimme demselben gegeben hatten.

Wie man sieht, sind das deutliche Spuren der Anschauung, dass die staatlichen Verhältnisse gleichsam auf einem Vertrage zwischen dem König und dem Volke, oder genauer den einzelnen Gliedern des Volkes, beruhten[3]), und dadurch treten die nach-

---

[1]) S.-F. Cap. III.

[2]) B.-F. 5068: se aliquot civitates et oppida excusabant, dicentes quod eidem domino W. non debebant intendere tanquam regi, pro eo quod nobiles principes dux Saxonie et marchio Brandenburgensis, qui vocem habent in electione predicta, electioni non consenserant supradicte; nun aber hätten beide Fürsten Wilhelm gewählt, s. S. 27, Not. 2. Cum igitur prefate civitates et oppida se non possint ulterius excusare, quin ohedire debeant dicto regi, — — mandamus, quod iquatinus?)- monentia, ut — —Wilelmo in omnibus obediant tanquam regi etc.

[3]) Ähnlichen Anschauungen begegnet man bei der Frage nach der Besteuerung im Reich und besonders in den einzelnen Territorien: Zeumer, Städtesteuern 5 u. folg., 86 u. folg.; Waitz, Verf.-Gesch VIII, 594 u. folg.; Nitzsch, Gesch. d. d. Volkes III, 175. Ebenso bei der Reichsheerfahrt: Weiland, Forsch. VII, 113; Waitz, VIII, 94. Vergl. auch im Allgemeinen B.-F. 4196, über die Landstände.

trägliehen Wahlen einzelner Fürsten erst ins richtige Licht.
Man wird sich jedoch hüten müssen diese Dinge zu scharf zu
formuliren, denn ganz klar und unbestritten war das Recht derer,
welche den König weder gewählt noch anerkannt hatten, keineswegs.
Es rührte das daher, dass der Tendenz, die Verpflichtung gegen
den König von einem Willensakte des Individuums abhängig zu
machen, sehr bestimmt ein anderes höheres politisches Princip
gegenüberstand, das der politischen Einheit des Reichs, wonach
ein einzelnes Glied desselben durchaus nicht die Freiheit hatte,
sich von demselben loszusagen, wann es ihm beliebte. Alle Könige
haben den Anspruch auf das ganze Reich erhoben. Merkwürdig
ist, wie die beiden sich widersprechenden Vorstellungen gerade
bei der Königswahl zum Vorschein kommen. Eine Königswahl
ist es gewesen, welche zum ersten Male das politische Einheits-
gefühl der Deutschen offenbarte, nämlich die Erhebung Arnulfs 887.
Es war wohl eins der grössten und ruhmvollsten Resultate der
staatlichen Organisation und Thätigkeit der Karolinger, dass
durch sie die einzelnen deutschen Stämme ein Bewusstsein ihrer
politischen Zusammengehörigkeit gewannen, so dass, als das grosse
Reich sich aufzulösen begann, sie nicht wieder wie einst beim
Ende der Merowingerperiode sich völlig auf ihr landschaftliches
Sonderleben zurückzogen. Die gemeinsame Königswahl, welche
seit Arnulf die Regel wurde, trat nicht nur der bisher geltenden
Sitte der Theilung des Reichs unter die Erben entgegen, sondern
sie zeigte auch, dass die Stämme sich als Glieder einer grösseren
politischen Gemeinschaft betrachteten. Und so wie einst Arnulf
sind später alle Könige, selbst wenn sie von einer Minorität
erhoben wurden, immer als Könige des ganzen Reichs gewählt
worden. An eine Theilung des Reichs hat man ernstlich nie
mehr gedacht.

Man begreift, dass unter diesen Umständen jenes indi-
vidualistische Princip, wenn es auch vorhanden war, nie ganz
rein zur Erscheinung gekommen ist. [1] Widerspruch konnte eine
rechtmässige Königswahl nicht hindern und gar ein absolutes
Veto hat der einzelne nie besessen. Wer sich weigerte einen

---

[1] So konnte sich neben der oben entwickelten Auffassung von dem
Eide des Volks auch die entgegengesetzte geltend machen, wie das die
S. 47 citirte Stelle aus den Darlegungen Richards zeigt. Allerdings ist hier
aber auch die seltsame Theorie aufgestellt, dass bereits durch zwei kurfürst-
liche Stimmen eine rechtmässige Königswahl zu Stande kommen könne. —
Damit dürfte sich auch der S. 49, Note 1 erwähnte Widerspruch erklären.

König zu wählen oder anzuerkennen, mochte es thun; er that es
auf seine Gefahr und musste es sich gefallen lassen, dass vielleicht von ihm die versagte Anerkennung erzwungen wurde.
Eine solche Entscheidung herbeizuführen war durchaus zulässig,
und um so eher als man geneigt war, auch den Kampf als Rechts-
mittel und seinen Ausgang als Urtheil anzusehen. Man bestritt
dem Könige in keiner Weise das Recht gegen jeden im Reich,
der sich nach der Wahl ihm nicht unterwerfen wollte, Gewalt zu
gebrauchen. Aber daneben und dagegen behauptete sich doch
wieder die seit uralten Zeiten vererbte Empfindung, dass der
einzelne freie Mann im Grunde staatlich nur zu dem verpflichtet
sei, dem er zugestimmt habe, und sie war so stark, dass sie die
Ausbildung eines Majoritätsprincips hindern konnte und der nicht
abgegebenen Stimme auch nach der Wahl noch Bedeutung verlieh
und ihre Gewinnung als wünschenswerth erscheinen liess.

In Folge dieses Widerstreits der Anschauungen ist es nicht
möglich bei einer Königswahl, für welche volle Einstimmigkeit
nicht erzielt war, genau festzustellen, wann sie den formalen An-
forderungen genügte. Sehr wesentlich war der thatsächliche
Besitz und die Ausübung der Herrschaft, dass aber auch eine
starke Majorität, obwohl sie als zwingend nicht anerkannt wurde,
doch ein ausschlaggebendes Gewicht hatte, ist nicht zu leugnen.

Die Ansichten von dem weiten Recht des Einzelnen gegen
die Gesammtheit konnten neben der erkannten Einheit und
Untheilbarkeit des Reichs nur deshalb so lange fortwuchern, weil
es an einer gesetzlichen Formulirung des öffentlichen Rechts
fehlte. Sowie man zu einer zusammenfassenden Darstellung
schritt, musste man die Widersprüche, Unsicherheiten und Un-
klarheiten desselben gewahr werden und aus dem Wege zu
räumen suchen. Das zeigt sich vornehmlich bei dem Wahlrecht
und dem Wahlmodus. Wenige Dinge haben die Entstehung eines
abgeschlossenen Collegs von Kurfürsten so sehr gefördert wie die
bekannte Stelle des Sachsenspiegels,[1] und so war es schliesslich
auch nur consequent, dass später der Schwabenspiegel, um eine
weitere Unklarheit zu beseitigen, das Majoritätsprincip für die
Abstimmung des Kurfürsten bei der Königswahl postulirte.[2]

[1] Ld. R. III, 57, 2.
[2] Dass die Stelle Ld. R. 180 trotz ihrer Form nicht geltendes Recht,
sondern eine Forderung des Spieglers enthält, ist ganz klar. Dasselbe dürfte
auch bis zu einem gewissen Grade von jener Stelle des Sachsensp. zu sagen sein,

Anhang.

Auf S. 6 habe ich behauptet, dass von den beiden Recensionen der Chron. regia Colon. cont. S. Pantaleonis 1200—1219
die ausführlichere rec. C eine Ableitung und Erweiterung der
rec. B sei; im Gegensatz zu Waitz, welcher in seiner Ausgabe
B als einen Auszug von C hinstellt. Waitz begründet seine
Ansetzung (S XVIII, not. 1 u. 2) mit dem allgemeinen Charakter
der Erzählung und führt zum Beweis einzelne Beispiele an.

Über den allgemeinen Charakter bemerke ich Folgendes.
B und C stimmen im Allgemeinen wörtlich überein, aber C
hat an einer Anzahl Stellen ganze Abschnitte oder einzelne
Sätze mit guten, selbständigen Nachrichten, von denen sich bei
B nichts findet. In den ersten Jahren (z. B. 1201, 1203, 1204,
1205) weicht auch öfter der Wortlaut der beiden Recensionen
stark von einander ab, ohne dass sich stets inhaltlich eine wesent-
liche Verschiedenheit ergäbe, so dass man sieht, einer der beiden
Verfasser hat umgearbeitet. In den späteren Jahren hat C,
abgesehen von dem Plus an selbständigen Sätzen, bei voller
Übereinstimmung im Übrigen öfter ein oder zwei Wörter mehr,
welche den Sinn an vielen Stellen nicht verändern, aber den
Text glatter und lesbarer erscheinen lassen, als er in B ist.

Die einzelnen Beispiele, auf welche Waitz sich stützt, sind
folgende. Unter dem Jahre 1203 ist ein langer Brief des Kaisers
Balduin über die Eroberung von Constantinopel durch die
Kreuzfahrer eingerückt, in welchem C (S. 214) einen grösseren
Abschnitt hat, welchen B nicht bringt. Die übrigen bekannten
Exemplare geben die Stelle wie C. Aber in dem an den Papst
Innocenz III. adressirten Exemplar (Reg. VII, 152) fehlt doch
auch ein Satz dieser Stelle, in welchem über die Tödtung des
päpstlichen Legaten durch die Griechen gesprochen wird, und
jedes der vorhandenen Exemplare weist an anderen Orten grössere
Abschnitte auf, welche die übrigen nicht haben. Es wäre daher

nicht unbedingt ausgeschlossen, dass ein Exemplar existirt hätte
und von B benutzt wäre, in welchem die erwähnte Stelle fehlte;
denn in derselben wird nur in höchst rhetorischer Weise geschildert, welches Verderben Constantinopel über die Christenheit
gebracht habe; wo rec. B fortfährt, leitet sie den Satz mit einem
‚denique‘ ein, das die übrigen Exemplare nicht haben, und der
Satz schliesst sich, wie er bei B steht, inhaltlich sehr gut an das
dort Vorangehende an. Wenn rec. B zu Grunde lag, müsste
also C den Text nach einem zweiten Exemplar corrigirt haben,
und unmöglich wenigstens wäre das nicht; denn C bietet ja
mancherlei Neues. Jedenfalls aber hat die andere Annahme,
dass B jene Stelle in C vorgefunden, jedoch ausgelassen und
dann mit ‚denique‘ den nächsten Satz eingeleitet hat, gewiss ihr
Missliches.

Am Schluss von 1201 heisst es nach der Erzählung von der
Eroberung von Zara in C: ad expugnandam Constantinopolim cum
eo (Alexio) proficiscuntur; in B: ad subdendam orientalem ecclesiam
Romane cum eo diriguntur. Hier ist allerdings das Natürlichste
eine Ableitung von B aus C anzunehmen, weil man glauben
möchte, dass an die Stelle des idealen Motivs der Unterwerfung
der orientalischen Kirche nicht leicht das mehr egoistische der
Eroberung von Constantinopel gesetzt worden ist. Aber C giebt
wenigstens doch das Richtigere. Für Alexius kam es nur auf
die Wiedergewinnung seiner Hauptstadt an, und von dessen
Thätigkeit für die Vereinigung der beiden Kirchen wird nachher
nichts erzählt. Ausserdem ist gerade dies Jahr stark im Texte
umgearbeitet, ohne dass an allen Stellen die Absicht vorgelegen
hat den Sinn zu ändern.

Zu 1211 hat B bei Syfridus Mogonciensis aepus den Zusatz:
et legatus a papa constitutus, welcher sich in C nicht findet.
Aber Waitz scheint nicht beachtet zu haben, dass es wenige
Zeilen weiter in C heisst: Syfridus similiter a papa se legatum
per Alemanniam constitutum affirmans, und dieser Zusatz fehlt
in B. Hier ist es gewiss ebenso wahrscheinlich, dass C die
rec. B. corrigirt hat, zumal C den Zeitpunkt für die Übernahme
des Legatenamts richtiger angiebt.

Unter 1212 hat B den Satz: Teodericus vero aepus — —
Romam progreditur, ubi per longum tempus demoratur. C hat
den Satz nicht. Aus dem longum tempus schliesst Waitz auf
spätere Abfassung von B. Dagegen lässt sich nur einwenden,
dass, wie Waitz S. XVIII, not. 4 selbst bemerkt, öfter Dinge

vorgreifend berichtet werden, und zwar geschieht das in dem
beiden Recensionen gemeinsamen Texte. So haben wir allerdings mehrere Stellen, welche sich am
ungezwungensten durch die Annahme einer Abhängigkeit der
rec. B von C erklüren. Dagegen sind jedoch einige allgemeine
Bemerkungen zu machen. Wenn man den Wortlaut von B und
C neben einander hält, kann man B jedenfalls nicht als einen
Auszug aus C bezeichnen. Die Absicht mit weniger Worten
möglichst dasselbe zu sagen oder die ausführlichere rec.
C nach bestimmten Gesichtspunkten inhaltlich zu kürzen, lässt sich, wenn
man von den weniger klaren, schon charakterisirten ersten Jahren
absieht, nirgends entdecken. Lange Partien in beiden Recensionen stimmen wörtlich überein. Stösst man auf eine irgendwie
bedeutendere Abweichung, so hat C regelmässig eine oder mehrere
neue Thatsachen, welche sich bei B nicht finden. Diese erscheinen dann in C so, dass entweder die Construction des Satzes
dieselbe ist wie in B und nur der Inhalt ein umfassenderer, oder,
was gewöhnlich ist, C hat ein reines Plus von einem oder mehreren
selbständigen Sätzen. Diese Verhältnisse machen es aber ganz
und gar unwahrscheinlich, dass B nach C gefertigt ist; denn
man begreift nicht, wie B eine Reihe von Thatsachen einfach
übergangen haben sollte, ohne dass sich im Allgemeinen die
Neigung zeigte, die Vorlage zusammenzuziehen. Inhaltlich betrifft das Mehr von C die verschiedenartigsten
Dinge: 1202 und 1204 holländische, 1202 und 1203 westfälische,
1203, 1204 und 1212 thüringisch-böhmische, 1205 kölnische Verhältnisse, 1211 die Albigenserkriege u. s. w. Es ist gewiss
auffallend, dass das Plus mehrfach Ereignisse derselben Gegend
behandelt, während in demselben sich doch eine einheitliche
politische oder persönliche Tendenz nicht kundgiebt, welche B
bewogen haben könnte, diese Nachrichten fortzulassen. Die
einfache Erklärung scheint die, dass der Verfasser von C aus
verschiedenen Gebieten Nachrichten hatte, welche er in B nicht
vorfand und einfügte. Endlich scheint mir an der S. 7 citirten Stelle geradezu
ausgeschlossen, dass B aus C geflossen sein kann. Wie sollte
jemand dazu kommen, aus einer allgemeinen Reichsversammlung
eine Art von Provinzialversammlung unter dem Vorsitze des
Königs zu machen? und wohl kaum ein Schriftsteller hätte sich
die merkwürdigen Nachrichten von der vorübergehenden Resignation Philipps und seiner sofortigen Wiederwahl entgehen

lassen, vorausgesetzt, dass er sie nicht in bewusster Weise ver-
warf; und das kann man aus B gewiss nicht herauslesen. Dass
rec. B, wie sie an dieser Stelle vorliegt, aus C gleichsam ab-
geschwächt wäre, erscheint unmöglich, vielmehr weist umgekehrt
sowohl der Inhalt wie das Satzgefüge sehr deutlich darauf hin,
dass C aus B erweitert ist.

Andere Beispiele der Art sind folgende. A. 1200 hat B:
abbate, fratribus discordantibus; C: abbate, — — cum — —
neo ulla ratione fratres concordarent, fratribus discordantibus. —
A. 1202 kann das Mehr in C: Per idem tempus — mancipavit,
nur nachgetragen sein; denn wäre C einheitlich concipirt, so
wäre die Nachricht mit der Erzählung von den brabantisch-
geldrischen Händeln, zu denen sie gehört, am Beginn des Jahres
verbunden worden. Fehlt nun der Zusatz in B, so muss B die
frühere Form sein. — A. 1203 (pag. 202) heisst es von Constantinopel in B: constructa, invaditur et capitur; in C: constructa
et semper insuperabilis existens, capitur. Weiter unten lesen wir
in B, dass Constantin Constantinopel auch prächtig ausgeschmückt
habe; nach C haben dies seine Nachfolger gethan. Dass B
hier gekürzt hat, ist nicht zu glauben, denn B ist nicht kürzer,
vielmehr hat augenscheinlich C an beiden Stellen geändert.

Die Abweichungen von C sind also darauf zurückzuführen,
dass der Verfasser seine Vorlage B zu vervollständigen, zu
corrigiren[1]) und besser zu stilisiren strebte.

---

[1]) Eine bemerkenswerthe Correctur findet sich auch 1216, wo der
Reichstag vom 1. Mai von B nach Nürnberg verlegt wird, während C richtig
Würzburg angiebt. Vielleicht war der Tag ursprünglich nach Nürnberg
berufen.

Nachtrag zu Seite 3.

Konrad II. ist in Burgund zweimal gewählt worden. Wipo c. 30 erzählt zu 1033: Veniens ad Paterniacum monasterium in purificatione s. Mariae a maioribus et minoribus regni ad regendam Burgundiam electus est et in ipsa die pro rege coronatus est. Die Ann. Sangall. s. 1034 berichten: Genevamque pervenit. Ibi — — in festivitate s. Petri ad vincula coronatus producitur et in regnum Burgundionum rex eligitur. Konrad ist demnach 1033 zu Peterlingen von den germanischen Burgundern nach ihrer Unterwerfung zum König gewählt und dann gekrönt; 1034 haben die romanischen Burgunder zu Genf das Königthum Konrads anerkannt, indem sie ihn ihrerseits zum König wählten; vergl. Breslau, Konr. II., II, 111. Nach unserer Quelle scheint Konrad bei dieser Wahl die burgundische Königskrone getragen zu haben; vergl. dazu S. 11.

www.ingramcontent.com/pod-product-compliance
Lightning Source LLC
Chambersburg PA
CBHW021539270326

41930CB00008B/1306